TAFELGESCHÄFT

WERTPAPIERE ZWISCHEN TRESOR UND MATRATZE

F&V
Herausgeber:
F&V Vermoegensverwaltung GmbH
Nürnberger Str. 67, 1000 Berlin 30

ISBN 3-9801964-3-7

3.Auflage Juli 1991, 65 Seiten.

Autor: Dipl.Kauffr. Anke Dembowski
Layout : Kai-Arne Jordan, Berlin
Umschlaggestaltung: Otmar Nußbaum, Berlin
Druck und Bindung: Druckerei W. Reichwald GbR, Berlin

Tafelgeschäfte

Wertpapiere zwischen Tresor und Matratze

Inhalt Seite

Tafelgeschäfte

Wertpapiere zwischen Tresor und Matratze

1. Vorwort

Am 9. Juni 1990 haben wir das erste Investment-Fonds-Center in der Bundesrepublik Deutschland in Berlin in der Nürnberger Straße 67 eröffnet. In diesem Investment-Fonds-Center beraten wir eine stetig wachsende Zahl von Interessenten mit Hilfe eines speziellen Computerprogramms über alle in der Bundesrepublik Deutschland registrierten und damit steuergünstigen Investmentfonds. Unter anderem dank der Möglichkeit, auch für lange Zeiträume farbige Grafiken zu erstellen, erhalten die Besucher des Investment-Fonds-Centers einen sehr guten Überblick über die langjährige Entwicklung bekannter und weniger bekannter Investmentfonds.

Dabei ist uns aufgefallen, daß Besucher, die von der Beratung sehr angetan waren, nicht zu einem Vertragsabschluß zurückkamen. Wir sind diesem Phänomen nachgegangen und haben in vielen Fällen festgestellt, daß wir die Beratung machen "durften" und man dann bei der Bank im sogenannten Tafelgeschäft die Fondsanteile gekauft hat. Aus dieser Erfahrung ist die Idee zu dieser Broschüre entstanden.

Tafelgeschäfte haben den Beigeschmack von Steuerhinterziehung. Wie der dieser Broschüre beiliegende Bericht des Bundesrechnungshofes belegt, werden jedoch auch Zinseinnahmen aus Spar- und Festgeldkonten bei der Angabe der Einkünfte aus Kapitalvermögen häufig "vergessen". Um dem Verfassungsgrundsatz der Gleichmäßigkeit der Besteuerung zu genügen, hat der Gesetzgeber den Versuch gemacht, über die Quellensteuer die Gleichmäßigkeit der Besteuerung zu fördern, was zu einem hohen Abfluß von Kapital ins Ausland führte und deshalb wieder zurückgezogen werden mußte.

In der Schweiz werden Zinserträge mit einer 35prozentigen Verrechnungssteuer belegt, wobei die Schweiz sicher nicht in dem Ruf steht, ein sozialistisches Land zu sein.

Mit der Rücknahme der Quellensteuer hat die Bundesrepublik Deutschland signalisiert, daß sie lieber einen bekannt hohen Anteil von unversteuerten Einkünften aus Kapitalvermögen in Kauf nimmt, als das volkswirtschaftlich wichtige Sparkapital ins Ausland abfließen zu lassen. Gleichwohl: Steuerhinterziehung ist kein Kavaliersdelikt. Wir leben in dem besten Staat, den es je auf deutschem Boden gab. Deshalb möchte ich an die Leser dieser Broschüre appellieren, es mit dem Bibelwort zu halten: "Gib dem Kaiser, was des Kaisers ist, und Gott, was Gottes ist".

Sie werden in der Broschüre auch gute Gründe für den Erwerb von effektiven Wertpapieren (Tafelgeschäft) finden, weshalb sich das F & V Investment-Fonds-Center entschlossen hat, zukünftig auch effektive Stücke anzubieten. Die Hauptempfehlung unseres Investment-Fonds-Centers ist es, Aktienfonds-Anteile nach dem sogenannten Cost-Averaging-System zu erwerben. Wer Aktienfonds-Anteile mit deutschen Aktien bei der Steuererklärung "vergißt", schenkt dem Staat seine Steuergutschrift!

In diesem Sinne hoffe ich, daß Sie aus der Lektüre der vorliegenden Broschüre nur seriösen Nutzen ziehen.

Günter B. Freye

Geschäftsführer der F&V Vermoegensverwaltung GmbH

2. Grundsätzliche Steuerpflicht aus dem Besitz und den Erträgen von Wertpapieren

Der Besitz von Investmentzertifikaten und anderen Wertpapieren ist in der Vermögensteuererklärung anzugeben und mit 0,5 Prozent zu versteuern. Allerdings gilt für die Vermögensteuer ein Freibetrag von DM 70.000,- pro Person, bei zusammenveranlagten Ehepaaren von DM 140.000,- [Bor89, S. 213].[1] Zusätzlich zu dem Freibetrag von DM 70.000,- pro Person können Wertpapiere beziehungsweise Spareinlagen, Bargeld und dergleichen im Wert von DM 10.000,- gehalten werden, ohne daß sie zur Vermögensteuer herangezogen werden [§110, Abs. 2 BewG].

Nicht nur der Vermögensbesitz wird besteuert. Auch die Erträge aus Investmentfonds-Anteilen und anderen Wertpapieren sind gemäß §20 des Einkommensteuergesetzes als "Einkünfte aus Kapitalvermögen" anzugeben und zu versteuern. Auf Einzelheiten der Besteuerung von Investmentfonds-Erträgen soll an dieser Stelle nicht näher eingegangen werden.[2] Die Freibeträge sollten jedoch kurz erwähnt werden: Zins- und Dividendenerträge sind bis zu DM 700,- bei Alleinstehenden und bis zu DM 1.400,- bei Verheirateten unabhängig von der Einkommenshöhe steuerfrei. Dieser Freibetrag setzt sich aus dem Sparerfreibetrag von DM 600,- und dem Werbungskosten-Pauschalbetrag von DM 100,- zusammen. Zusätzlich kann ein Arbeitnehmer jährlich netto DM 800,- Nebeneinkünfte erzielen, ohne diese versteuern zu müssen. Die Nebeneinkünfte in Höhe von DM 800,- sind allerdings nur dann steuerfrei, wenn der Steuerzahler weniger als DM 27.000,- (zusammenveranlagte Ehepaare DM 54.000,-) zu versteuerndes Einkommen bezieht [Kon90, S. 651].

Nun gibt es Investoren, die ihr Kapitalvermögen vor Gläubigern oder Ehepartnern verbergen wollen und es daher auch in der Steuererklärung nicht angeben. Die Nicht-Angabe von Erträgen aus Investmentfonds-Anteilen in der

---

1 Zu Einzelheiten der Vermögensbesteuerung siehe Vermögensteuergesetz (VStG) und Bewertungsgesetz (BewG).

2 Hierüber wurde z.B. in der Wirtschaftswoche Nr. 35 vom 24. August 1990, S. 95-98 und in der November-Ausgabe des Investmentfonds-Newsletters des F&V Investment-Fonds-Centers berichtet.

Steuererklärung ist jedoch Tatbestand einer Steuerordnungswidrigkeit beziehungsweise einer Steuerhinterziehung [§§370, 378 AO].

Wer der Steuerhinterziehung überführt wird, kann mit einer Freiheitsstrafe von bis zu 5 Jahren oder mit einer Geldstrafe belegt werden [§370, Abs. 1 AO]. Außerdem wird die hinterzogene Steuer nachgefordert und ist mit 6 Prozent zu verzinsen [Kon90, S. 653]. In der Regel muß mit einer Geldbuße oder Geldstrafe zwischen 30 Prozent und 100 Prozent des hinterzogenen Steuerbetrages gerechnet werden [Kon90, S. 653].

Diese Strafe beziehungsweise Buße fürchtend, ziehen es viele Sparer vor, Wertpapiere durch sogenanntes "Tafelgeschäft" zu erwerben, um die Wahrscheinlichkeit, vom Fiskus erwischt zu werden, zu verringern. Ein Tafelgeschäft ist ein "Geschäft im Bankbetrieb, bei dem Leistung und Gegenleistung Zug um Zug erfolgt, zum Beispiel wenn der Kunde am Schalter Effekten gegen Barzahlung erwirbt oder an der Sortenkasse ausländisches Geld einwechselt" [Gab84]. Selbstverständlich unterliegen auch die Erträge und der Bestand der durch Tafelgeschäft erworbenen Papiere der Steuerpflicht. Allerdings ist es für den Fiskus schwierig, ein Tafelgeschäft nachzuweisen. Daher sieht die Finanzverwaltung in Tafelgeschäften ein Unding:

> "In Wahrheit wird damit die Anwendung des §154 AO (Kontenwahrheit [Anm. d. Verf.]) in das Belieben des von der Zielrichtung der Vorschrift betroffenen Steuerzahlers gestellt: Errichtet er ein Kundenkonto, wird seine Identität geprüft, will er keins einrichten, darf er anonym bleiben und dies völlig unabhängig davon, wie häufig dieser Steuerpflichtige bei einer oder mehreren Banken solche Tafelgeschäfte tätigt" [Car91, S. 28].[3]

Bei einem echten Tafelgeschäft wird die Bank, wenn sich die Wertpapiere im Eigenbestand oder im Konsignationslager[4] befinden, den Vorgang über bankinterne Konten verbuchen [Löw90, S. 63]. Es werden die Konten "Kasse"

---

3 Carl bezeichnet das klassische Tafelgeschäft schlichtweg als "unzulässig" [Car91, S. 30].

4 Dies ist ein Auslieferungslager für Wertpapiere bei der verkaufenden Bank, welches vom Wertpapieremittenten bereitgestellt wird [Gab83, S. 2473].

und "Wertpapierbestand" angesprochen. Der Name des Kunden wird dabei nicht registriert, so daß der Fiskus auch im Rahmen einer Betriebsprüfung der Bank keinerlei Anhaltspunkte darüber erhalten kann, wer via Tafelgeschäft Investmentfonds-Anteile oder andere Wertpapiere erworben hat [Löw90, S. 63].

Wenn die Bank die Wertpapiere nicht vorrätig hat, sondern erst besorgen muß, und der Kunde keine Kontoverbindung zu der Bank unterhält, kann die Bank den Vorgang über ihr Konto pro Diverse (CpD-Konto) buchen [Mül88, S. 168 f]. Das CpD-Konto ist ein Sammelkonto bei der Bank, über das alle möglichen, sonst nicht einzuordnenden Vorgänge gebucht werden. Der Name des Wertpapierkäufers sollte auf dem CpD-Buchungsbeleg festgehalten werden [Mül88, S 145]. Den CpD-Buchungsbeleg muß die Bank sechs Jahre lang aufbewahren [Mül88, S. 149, §257 Abs. 4 HGB und §147 Abs. 3 AO]. Der Tafelgeschäft-Kunde ist aber eventuell an der Anonymität seines Geschäfts interessiert. Die Bank könnte sich dann folgendermaßen behelfen: Wenn der Kunde vorab für die bestellten Wertpapiere bezahlt, kann die Bank, anstatt auf dem CpD-Beleg den Namen des Kunden zu vermerken, dort eine Tafelgeschäft-Nummer oder die gewünschten Wertpapiere notieren.[5] Damit ist der Vorgang eindeutig identifiziert, ohne daß der Name des Kunden auftaucht.

Die Bank kann auch in Vorleistung gehen und den Kunden nicht vorab bezahlen lassen. Sie deckt sich beim Emittenten mit den vom Kunden gewünschten Wertpapieren auf eigene Rechnung ein und verkauft sie dem Kunden, wenn er einige Tage später zurückkommt, um sich seine Papiere abzuholen. Dann kann der gesamte Vorfall wieder über die bankinternen Konten "Kasse" und "Wertpapierbestand" gebucht werden.[6]

---

5 Laut Auskunft einer deutschen Großbank.

6 Laut Auskunft einer deutschen Großbank.

3. Gründe für Tafelgeschäfte

Hier soll keinesfalls der Verdacht entstehen, jeder Sparer, der das Tafelgeschäft dem Wertpapiergeschäft ohne Auslieferung vorzieht, habe vor, dieses Geschäft dem Fiskus zu verschweigen. Zwar soll nach Weyand für die Steuerprüfer ein "Tafelgeschäft gleichbedeutend mit Schwarzgeldanlage" sein [Weyand, zitiert nach Car91, Fußnote S. 27], jedoch kann die Bevorzugung von Tafelgeschäften zahlreiche andere Gründe haben:

Manch einer möchte die Depotgebühren sparen und legt sich die Stücke lieber in einen ohnehin existierenden Safe. Ein anderer möchte die Stücke verschenken und findet das Überreichen einer Wertpapier-Urkunde feierlicher als die Übergabe eines Depotauszuges. Wieder andere möchten keine Depotauszüge und ähnliche Benachrichtigungen eines Kreditinstituts nach Hause geschickt bekommen und legen daher ihre Wertpapiere lieber in einen Safe.

Auch Bürgen haben Ihre Gründe, Tafelgeschäfte zu tätigen.[7] Wird z.B. ein Bürge von seiner Bank in Anspruch genommen, so hat die Bank in der Regel auf Grund ihrer Allgemeinen Geschäftsbedingungen ein sofortiges Pfandrecht an Depot oder Konto. Auf den Safe-Inhalt hat die Bank nicht ohne weiteres Zugriff. Sie kann dem Kunden auch nicht eigenmächtig den Zugang zum Safe verwehren, da es sich bei der Überlassung des Schließfaches um einen Mietvertrag handelt. Um den Safe zu sperren, benötigt die Bank einen Titel beziehungsweise eine einstweilige Verfügung. Erst durch richterlichen Beschluß kann sie den Safe im Beisein einer Amtsperson öffnen lassen und den Inhalt pfänden. Dieser Fall mag in der Praxis selten vorkommen, da der Bürge in der Regel sein Schließfach nicht ausgerechnet bei der Bank mieten wird, gegenüber der er eine Bürgschaftserklärung abgegeben hat.
Manche Kunden geben als Grund für Tafelgeschäfte an, der Bankverwahrung nicht zu trauen [Löw90, S. 63]. Oder es ist einfach nur die Freude am Besitz effektiver Stücke.

---

7 Laut Auskunft eines Mitarbeiters des Berliner Arbeitskreises für Finanzdienstleistungen (B.A.F. e.V.).

4. Welche Papiere werden im Tafelgeschäft geliefert?

Prinzipiell ist es möglich, alle Wertpapiere, die es als Inhaberpapiere gibt, als effektive Stücke auszugeben. Der Wertpapieremittent kann wählen, ob er Stücke drucken lassen will oder nicht. Nur die effektiven Stücke sind im Tafelgeschäft erhältlich. Folgende Papiere können effektiv ausgegeben werden:

- Investmentfonds-Anteile
- Aktien
- Industrieanleihen
- Kommunalobligationen
- Bankschuldverschreibungen
- Pfandbriefe
- Zerobonds.

Es kommt vor, daß die effektive Ausgabe von Wertpapieren für den Kunden teurer ist. Beispielsweise gibt es Bankschuldverschreibungen sowohl in effektiver Form als auch in nicht effektiver Form. In der Regel liegt die Rendite der effektiven Bankschuldverschreibung 1/4 bis 1/3 Prozent unter den nicht effektiven Titeln.[8]

Bundes-, Bahn- und Postanleihen werden seit 1972 nicht mehr effektiv ausgegeben. Die letzten effektiven Stücke dieser Art stammen von einer Postanleihe, die am 1.6.1968 ausgegeben und vom 1.6.1979 bis zum 1.6.1988 getilgt wurde. Bundesobligationen gab es noch nie als effektive Stücke.[9] Bundespapiere werden seit 1972 ausschließlich über das Bundesschuldenbuch geführt. Hauptsächlicher Beweggrund soll das Einsparen der Druckkosten für die effektiven Stücke gewesen sein.[10]

Thesaurierende Investmentfonds eignen sich besonders für das Tafelgeschäft, da

---

8 Laut Auskunft einer deutschen Geschäftsbank.

9 Laut Auskunft der Bundesschuldenverwaltung.

10 Laut Auskunft der Bundesschuldenverwaltung.

das lästige Couponeinlösen entfällt. Die Erträge verbleiben im Fonds und erhöhen den Anteilspreis. Natürlich sind die Erträge gleichwohl in der Steuererklärung bei den Einkünften aus Kapitalvermögen anzugeben.

Im Appendix 2 (ab Seite 49) haben wir Informationen über alle thesaurierenden Investmentfonds beigefügt, die in der Bundesrepublik Deutschland zum öffentlichen Vertrieb zugelassen sind.

5. Wie kauft man effektive Stücke?

Der Kauf effektiver Stücke via Tafelgeschäft wird ohne Nennung des Namens bei der Bank vorgenommen. Gegen Barzahlung werden am Schalter die Wertpapiere gekauft. Wenn es sich nicht um die bankeigenen Produkte handelt, ist die Ausgabe effektiver Stücke meist an bestimmte Mindest-Summen gebunden und/oder es wird eine Gebühr verlangt. Bei einem echten Tafelgeschäft hat die Bank keinerlei Aufzeichnungen über den Namen oder die Anschrift des Kunden. Die Steuerfahndung könnte also lediglich die effektiven Stücke, die durch Tafelgeschäft gekauft wurden, beim Kunden finden. Eine "Fährte" wird der Finanzbehörde beim Kauf der Stücke via Tafelgeschäft nicht gelegt.

Die meisten Banken sind bei Tafelgeschäften inzwischen sehr vorsichtig geworden. Laut Auskunft einer deutschen Großbank sollen einige Bank-Wertpapierberater sogar in Beugehaft genommen worden sein, um ihr Erinnerungsvermögen zu stärken. Daher empfehlen bankinterne Anweisungen häufig, die Personalausweis-Nummer des Käufers beim Tafelgeschäft prinzipiell zu notieren, wenn der Kunde nicht persönlich bekannt ist, obwohl dies nicht gesetzlich vorgeschrieben ist.[11]

In einem Schreiben des Bundesaufsichtsamtes für das Kreditwesen an die Spitzenverbände der Kreditinstitute vom 21. Januar 1976 erhalten die Banken folgende Anweisung:

> "Sofern besondere Umstände (z.B. ein auffallend großer Betrag oder wiederholte Geschäfte über nennenswerte Beträge) vorliegen, ist ferner die belegmäßige Erfassung von Namen und Anschrift des Kunden zu verlangen, damit erforderlichenfalls der Nachweis über die Herkunft des Geldeinganges und den Verbleib der Wertpapiere geführt werden kann" [BAK76].

Diese Vorsichtsmaßnahme wird nicht nur in bezug auf Steuerhinterziehung, sondern insbesondere in bezug auf Geldwäsche durchgeführt [Car91, S. 25]. Wie hoch genau ein "auffallend großer Betrag" sein soll, wird vom

11 Laut Auskunft zweier deutscher Großbanken.

Bundesaufsichtsamt nicht näher erläutert. Die Banken sehen daher eine Legitimationsprüfung bei Tafelgeschäften ab unterschiedlich großen Summen vor. Beispielsweise ist es bei einer deutschen Großbank üblich, bei Summen ab DM 500.000,- eine Legitimationsprüfung durchzuführen. Bei anderen Banken wird eine Legitimationsprüfung bereits ab sehr viel kleineren Summen durchgeführt.[12]

Bei einer deutschen Geschäftsbank zum Beispiel kostet der Kauf effektiver Stücke pauschal DM 40,-. Wenn die Stücke im Eigenbestand der Bank sind, werden Tafelgeschäfte für festverzinsliche Wertpapiere und Aktien ab einer Summe von DM 20.000,- abgewickelt, für Investmentzertifikate ab DM 10.000,-. Die Investmentfonds der zu der Bank gehörigen Kapitalanlagegesellschaft kann man bei der Bank auch als einzelne Stücke effektiv kaufen.

Bei einer anderen Geschäftsbank sind effektive Stücke ab einem Betrag von DM 10.000,- erhältlich. Es werden dafür außer dem normalen Ausgabeaufschlag (Differenz zwischen Ausgabe- und Rücknahmepreis) keine Gebühren erhoben.

Ein Investment-Sparer kann sich auch die Fondsanteile, die er im Depot bei einer Kapitalanlagegesellschaft hat, nach Hause schicken lassen. Er erhält dann zwar die effektiven Stücke, es handelt sich aber hierbei nicht um ein Tafelgeschäft, da der Kunde nicht anonym bleibt. Die Bank muß den Begleitbrief mit der Adresse, an welche die Fondsanteile geschickt wurden, 6 Jahre lang aufbewahren [§147 Abs. 3 AO und §257 Abs. 4 HGB]. Die Kontoeröffnungs-Unterlagen müssen bis zehn Jahre nach Schließung des Kontos aufbewahrt werden.[13]

Wer Investmentfonds als effektive Stücke erwirbt, hat mehr Arbeit mit der Einlösung der Ausschüttungs-Coupons als der Sparer, der die Anteile in einem Depot der Kapitalanlagegesellschaft verwahren läßt. Außerdem berechnen die meisten Banken für das Einlösen der Coupons Gebühren, während die Ausschüttung von den Kapitalanlagegesellschaften kostenlos überwiesen beziehungsweise wiederangelegt wird, wenn die Anteile dort im Depot liegen.

---

12 Laut Auskunft einer deutschen Großbank.

13 Laut Auskunft eines Revisors einer deutschen Großbank.

Der Halter effektiver Stücke muß zum beziehungsweise nach dem Ausschüttungsdatum seine Wertpapiere einzeln vornehmen, die Coupons aus dem Bogen ausschneiden und sie der Bank vorlegen. Gegen Vorlage der Coupons erhält er dann im Tafelgeschäft den Ausschüttungsbetrag, abzüglich einer eventuellen Provision, welche die Bank in Rechnung stellt. Coupons vergangener Ausschüttungs-Termine können auch Jahre später (zeitlich unbegrenzt) eingelöst werden.

Wenn es sich nicht um sehr hohe Ausschüttungsbeträge handelt, zahlen die meisten Banken den Ausschüttungsbetrag ohne Ansehen des Personalausweises aus.[14] Viele Banken lösen, wenn ihnen der Kunde nicht persönlich bekannt ist, lediglich Ausschüttungs-Coupons derjenigen Kapitalanlagegesellschaften ein, bei denen sie beteiligt sind.[15]

Eine deutsche Geschäftsbank berechnet beispielsweise für das Einlösen der Coupons 1/4 Prozent der ausgeschütteten Summe (Minimum DM 5,-). Für die eigenen Fonds wird nichts berechnet. Eine andere Geschäftsbank berechnet 1/2 Prozent Provision für die Coupons hausfremder Investmentfonds.

Der interessierte Leser sollte sich einmal zum Ausschüttungstermin in eine Kassenhalle der entsprechenden Bank begeben und sich den Betrieb am Wertpapier-Schalter ansehen. Hier wird einem deutlich, wieviele Wertpapiergeschäfte als Tafelgeschäft abgewickelt werden. Es wäre nicht verwunderlich, wenn es sich der eine oder andere Finanzbeamte zu diesem Termin auf einem der Ledersofas der Bank bequem machen würde.

---

14 Laut Auskunft zweier deutscher Geschäftsbanken.

15 Laut Auskunft zweier deutscher Geschäftsbanken.

6. Wohin mit den effektiven Stücken?

Dem Anleger, der via Tafelgeschäft effektive Investmentfonds-Anteile erworben hat, bieten sich mehrere Möglichkeiten, die Stücke unterzubringen: Zum einen kann er sie mit nach Hause nehmen. Dort ist selbstverständlich die Gefahr von Brand oder Diebstahl gegeben. Wer sich vor diesem Risiko schützen will, müßte die Anteile versichern, was wiederum teuer ist. Das Besondere an der Unterbringung zu Hause ist, daß der Fiskus ohne Steuerfahndung und damit verbundener Hausdurchsuchung keine Möglichkeit hat, von der Existenz der Wertpapiere zu erfahren; es sei denn durch Denunziationen von Familienangehörigen oder Freunden.

Sollten die Stücke einmal gestohlen werden oder sonstwie abhanden kommen, so besteht - wenn auch nur bedingt und sehr umständlich - die Möglichkeit, die Investmentzertifikate wiederzubeschaffen: Man kann sich die Stücke über jede Bank wiederbesorgen lassen. Voraussetzung ist allerdings, daß man die Stückenummern der verlorengegangenen Stücke kennt. Die Bank benachrichtigt dann die Kapitalanlagegesellschaft, welche die Zertifikate ausgegeben hat. Die verlorenen Stücke werden im sogenannten "Aufgebotsverfahren" für kraftlos erklärt und kommen in eine Sperrliste [§24, Abs. 2 KAGG]. Die Wertpapiermitteilung in Frankfurt a.M. schickt den Banken alle zwei Wochen eine aktuelle Liste der gesperrten Wertpapier-Nummern in gebundener Form. Bei einer Neueintragung wird den Banken täglich eine Aktualisierung der Sperrliste in Loseblatt-Form auf dem Postweg zugeschickt.[16] Wenn Fondszertifikate zurückgegeben oder Coupons eingelöst werden, sind die Wertpapierberater gehalten, sich vorher zu vergewissern, daß die entsprechenden Nummern nicht auf der Sperrliste stehen. Ein Dieb hätte also ein paar Tage Zeit, die gestohlenen Stücke zu verkaufen, ohne daß die Bank die Wertpapiernummern auf der Sperrliste finden könnte.

Die Kosten für die Herstellung der Ersatzurkunden muß der bisherige Inhaber tragen und vorschießen [§24, Abs. 2 KAGG]. Nach demselben Schema ist auch

---

16 Laut Auskunft eines Revisors einer deutschen Großbank.

das Aufgebotsverfahren für andere Schuldverschreibungen auf den Inhaber möglich [§799 BGB].

Neben der Lagerung zu Hause können die Stücke in das Depot einer Bank eingeliefert werden. Dies hat den Vorteil, daß die Bank für Wertpapiere, die bei ihr im Depot liegen, einen günstigen Effektenlombard-Kredit vergibt. Die depotführende Bank kümmert sich - ebenso wie dies die Kapitalanlagegesellschaften tun - auch um die Ausschüttungstermine und das Einlösen der Coupons. Für Anleger, die keinen Kredit benötigen, besteht kein objektiver Grund, die Stücke im Depot der Hausbank zu halten, anstatt im Depot der Kapitalanlagegesellschaft. Das Gegenteil ist meistens der Fall, da fast alle Kapitalanlagegesellschaften für die Depotführung nichts berechnen, während wohl kaum eine Bank eine kostenlose Depotführung anbietet. Zusätzlich muß ab 1.1.1991 auf alle Entgelte zur Verwahrung und Verwaltung von Wertpapieren die zur Zeit 14prozentige Mehrwertsteuer gezahlt werden [Bei91].

Die letzte Möglichkeit, effektive Stücke unterzubringen, ist, sie in ein Bankschließfach zu legen. Wenn nicht ohnehin ein Schließfach gemietet wurde, sind die Safe-Gebühren für den Anleger zusätzliche Kosten. Ein Safe kostet je nach Größe zwischen ca. DM 80,- bis ca. DM 200,- Jahresmiete. Stellt die Bank ihrem Kunden ein Schließfach zur Verfügung, kommt ein Mietvertrag (BGB §§535ff) zustande. "Wertpapiere, die der Kunde im Schrankfach deponiert, muß er selbst verwalten, da die Bank den Inhalt der Safes grundsätzlich nicht kennt" [Hag70, S.471]. Demnach kann die Bank im Falle einer Steuerfahndung keinerlei Auskunft über den Inhalt des Schließfaches geben, sondern lediglich mitteilen, daß ein Schließfach besteht. Ist ein Steuerverfahren gegen einen Kunden eingeleitet, kann die Steuerfahndung das Schließfach versiegeln. Damit hat der Kunde keinen Zugang mehr zu seinem Safe.[17] Im Regelfall hält die Bank jedes Aufsuchen eines Safes (Safe-Inhaber, Tag, Uhrzeit) schriftlich fest. Darüber, ob etwas aus dem Schließfach herausgeholt oder nur hineingeschaut oder etwas hineingelegt wurde, kann die Bank keinerlei Auskunft geben.

17 Laut Auskunft einer deutschen Geschäftsbank.

7. Welche Wertpapiere werden an der Quelle besteuert, welche nicht?

Nach einer Untersuchung des Bundesrechnungshofes werden etwa 70 Prozent der Erträge aus Vermögen ab 50.000,- DM nicht versteuert [Handelsblatt vom 23./24. 5.1986, zitiert nach TIP90, §102, TZ 6, S. 18]. Die daraus resultierenden Steuermindereinnahmen für das Jahr 1981 schätzt Rehn auf 6,2 Mrd. DM [Rehn, zitiert nach Löw90, S. 33]. Die Fälle, in denen der Steuersünder überführt werden konnte, nehmen sich dagegen bescheiden aus: Die "Steuer- und Zollfahndungs-Statistik" zählt im Jahr 1988 insgesamt 14.547 Steuerfahndungs- beziehungsweise Amtshilfe-Verfahren [Bad90, S. 93]. Dadurch konnten 1988 über 967 Millionen DM Steuermehreinnahmen erzielt werden. Zusätzlich wurden Geldbußen in Höhe von über 5 Millionen DM und Geldstrafen von insgesamt mehr als 36 Millionen DM verhängt [Bad90, S. 93].

Es sind also keine Einzelfälle, wenn Einkünfte aus Kapitalvermögen nicht (vollständig) angegeben werden. Aber auch Mehrheiten können bekanntlich irren, denn viele der vermeintlichen Steuerhinterzieher sparen keineswegs Steuern, sondern schenken dem Fiskus in Wirklichkeit etwas.

Bevor nämlich Kapitalerträge an den Anleger fließen, sind zum Teil an der Quelle erhebliche Steuern entrichtet worden. Diese bereits gezahlten Steuern kann der Steuerzahler auf seine zu zahlende Einkommensteuer anrechnen lassen. In den meisten Fällen sind die an der Quelle entrichteten Steuern so hoch, daß der Steuerzahler sich einen Teil der bereits gezahlten Steuern zurückholen kann.

Für folgende Wertpapiere werden die Kapitalerträge erst nach Abzug von Steuern an den Investor ausgezahlt:

- Aktien (damit auch Aktienfonds)
- Wandelanleihen
- Genußscheine
- Gewinnschuldverschreibungen
- Auslandsanleihen (zum Teil).

Bevor eine Aktiengesellschaft ihre Gewinne als Dividende an die Aktionäre ausschüttet, führt die Gesellschaft 36 Prozent Körperschaftsteuer ab. Übrig bleibt die Bardividende. Von dieser werden von der Gesellschaft nochmals 25 Prozent Kapitalertragsteuer abgezogen. Das, was verbleibt, ist die Nettodividende, die der Aktionär ausbezahlt bekommt. Insgesamt wurde also der steuerpflichtige Bruttobetrag mit 52 Prozent (36% + 25% von 64% = 36% + 16% = 52%) besteuert (Körperschaftsteuer plus Kapitalertragsteuer). All diejenigen Steuerzahler, die einen Grenzsteuersatz unter 52 Prozent haben, erhalten eine Steuerrückzahlung, wenn sie ihre Dividendenerträge angeben. Kursgewinne bleiben für Privatanleger steuerfrei, wenn die Aktien länger als 6 Monate gehalten werden. Bei Kauf und Verkauf innerhalb von 6 Monaten handelt es sich um ein steuerpflichtiges Spekulationsgeschäft, wenn der erzielte Kursgewinn im Jahr DM 1.000,- übersteigt [§23 EStG].

Bei Aktienfonds sieht die Besteuerung etwas anders aus als bei der Direktanlage in Aktien. Dividenden werden bei Ausschüttung um 36 Prozent Körperschaftsteuer und 25 Prozent Kapitalertragsteuer gekürzt. Der in Aktien investierende Fonds erhält zusammen mit der Ausschüttung der Bardividende von dem depotführenden Kreditinstitut die Körperschaftsteuer in Höhe von 36 Prozent vergütet und die bei Ausschüttung einbehaltene Kapitalertragsteuer in Höhe von 25 Prozent erstattet. Die Depotbank des Fonds stellt beim Bundesamt für Finanzen einen Antrag auf Rückvergütung der anteiligen Körperschaftsteuer beziehungsweise auf Rückerstattung der anteiligen Kapitalertragsteuer [§38 Abs. 2 und 3 KAGG].

Wenn die Kapitalanlagegesellschaft die Erträge des Fonds ausschüttet, behält sie von den inländischen Dividendenerträgen 36 Prozent Körperschaftsteuer ein und führt sie an das Finanzamt ab [§38a Abs. 1 KAGG]. Jeder inländische Fonds-Anleger erhält mit der Ausschüttung eine Bescheinigung über die Körperschaftsteuergutschrift von dem Kreditinstitut, das die Ausschüttung vornimmt [§39a Abs. 2 KAGG]. Wird der Anleger auf Grund der Höhe seiner Einkünfte nicht zur Einkommensteuer veranlagt, erhält er von dem depotführenden Kreditinstitut bei Vorlage einer Nichtveranlagungsbescheinigung die Barausschüttung zusammen mit der damit verbundenen

Körperschaftsteuergutschrift in bar ausgezahlt. Wird der Anleger zur Einkommensteuer veranlagt, so kann er das durch die Steuerbescheinigung nachgewiesene Körperschaftsteuerguthaben im Rahmen seiner Einkommensteuerveranlagung von seiner Steuerschuld abziehen [§39a Abs. 1 und 2 KAGG]. Die 25prozentige Kapitalertragsteuer, die dem Fonds bei Zufluß der Dividende erstattet wurde, muß der Fonds bei seiner Ausschüttung nicht erneut abführen. Er kann diesen Betrag seinen inländischen Investoren ausschütten.[18]

Die Besteuerung von Aktienfonds stellt insofern eine Bevorzugung der Fonds-Investition gegenüber der direkten Investition in Aktien dar, als die Besteuerung an der Quelle im ersten Fall 36 Prozent der Bruttodividende, im zweiten Fall 52 Prozent der Bruttodividende entspricht. Allerdings kann in beiden Fällen die vorab entrichtete Steuer im Rahmen der jährlichen Einkommensteuererklärung mit der Steuerschuld verrechnet werden.

Kursgewinne muß der Fonds-Investor nicht versteuern, wenn er seine Investmentanteile mindestens 6 Monate besitzt. In der Mehrzahl der Fälle ergeben sich für den Aktienfonds-Anleger erhebliche Steuererstattungen. Es wäre also ein Steuervergehen und Verschenken von Steuerrückerstattungs-Ansprüchen, seine Aktienfonds-Anteile in der Steuererklärung nicht anzugeben.

Nur bei folgenden Papieren werden zur Zeit dem Anleger die Kapitalerträge zugeführt, ohne daß bereits an der Quelle Steuern entrichtet wurden:

- Offene deutsche Immobilienfonds
- Deutsche festverzinsliche Wertpapiere (damit auch Rentenfonds).

Bei diesen quellensteuerfreien Papieren ist die Versuchung des Steuerpflichtigen besonders groß, seine Kapitalerträge in der Steuererklärung zu "vergessen". Verschweigen läßt sich sowohl ein Investmentdepot, das bei einer Kapitalanlagegesellschaft geführt wird, als auch effektiv gehaltene Investmentfonds-Anteile. Der

18 **Ist in einem Rechenschaftsbericht eines Investmentfonds eine Kapitalertragsteuergutschrift für das Jahr 1989 ausgewiesen, so handelt es sich um die im ersten Halbjahr 1989 einbehaltene 10prozentige Quellensteuer auf Zinseinkünfte.**

Fiskus nennt sowohl das eine als auch das andere "Steuerordnungswidrigkeit" [§377 AO] oder in schwerwiegenden Fällen[19] "Steuerhinterziehung" [§370 AO]. Der vergeßliche Steuerpflichtige verstößt auf jeden Fall gegen das Gesetz.

Aber auch derjenige, der den Kauf der Investmentanteile vermittelt oder die Anteile verwahrt, handelt gesetzeswidrig, wenn er die Tat unterstützt. Auch wenn der Vermittler nicht mit dem Steuerpflichtigen einen gemeinsamen Tatplan zur Steuerhinterziehung hat, könnte er der Hilfestellung bezichtigt werden. Die Rechtsprechung faßt nämlich nicht nur eine tatsächliche Unterstützungstätigkeit, sondern auch das rein psychische Einwirken als Beihilfe auf, wenn sie den Haupttäter in seinem Tatentschluß bestärkt oder ihm ein erhöhtes Gefühl der Sicherheit gibt [Löw90, S. 20].

Die meisten Banker scheinen es als eine Art Gratwanderung anzusehen, ab wann ihre Tätigkeit als Beihilfe zur Steuerhinterziehung angesehen werden könnte, und gehen sehr vorsichtig in diesem Bereich vor. Nach Kottke soll es aber auch Banken oder Sparkassen geben, die Kunden, die ein Tafelgeschäft wünschen, zu einer anderen Filiale desselben Instituts schicken [Kottke, zitiert nach Car91, S. 29]. Ist der Kunde dort nicht bekannt, kann er in dieser Filiale Tafelgeschäfte abwickeln, ohne daß der Vorgang über ein Kundenkonto geführt wird. Carl sieht in solchen Fällen einen eindeutigen Verstoß gegen §42 der Abgabenordnung: "Durch Mißbrauch von Gestaltungsmöglichkeiten des Rechts kann das Steuergesetz nicht umgangen werden" [§42 AO und Car91, S. 30].

Tatsächlich kommt es nur selten so weit, daß sich die Steuerfahndung bei Kreditinstituten nach Konten oder Depots von Steuerpflichtigen erkundigt. Laut Auskunft mehrerer deutscher Kapitalanlagegesellschaften ist in den letzten Jahren keine Steuerfahndung bei einer deutschen Fondsgesellschaft bekannt geworden. Es ist demnach unverständlich, warum steuerunwillige Investoren auf das Tafelgeschäft ausweichen, das mit mehr Mühe verbunden ist, als die Papiere im Depot der Kapitalanlagegesellschaft zu halten.

Interessant im Zusammenhang mit der Quellensteuerfreiheit von Rentenpapieren

---

18 Das heißt, wenn Vorsatz unterstellt werden kann [Bad90, S. 92].

und Offenen Immobilienfonds ist das sogenannte "Zinsurteil" des Bundesverfassungsgerichts vom 27. Juni 1991. Die Karlsruher Richter haben erkannt, daß lediglich jeder zweite Sparer ordnungsgemäß Einkommensteuer auf seine Zinsen zahlt [BVG91]. Um diesen Mißstand aufzuheben, forderten sie den Gesetzgeber auf, bis zum 1. Januar 1993 eine gleichmäßige Zinsbesteuerung sicherzustellen. Der Gleichheitssatz verlange, daß "die Steuerpflichtigen durch ein Steuergesetz rechtlich und tatsächlich gleich belastet" würden [BVG91].

Diese Forderung ist nicht neu. Bereits am 20. Juni 1989 hat der Bundesfinanzhof konstatiert, daß der Gesetzgeber verfassungsrechtlich verpflichtet sei, geeignete Maßnahmen für eine bessere steuerliche Erfassung von Zinseinkünften zu ergreifen [HIP90, S. 1954]. Dennoch hat das kürzlich veröffentlichte Urteil deutliche Auswirkungen gezeigt: Der deutsche Aktienindex sank am Tag nach dem Richterspruch um fast 3 Prozent und die Umlaufrendite der öffentlichen Anleihen stieg um 12 Basispunkte auf 8,66 Prozent [Sch91].

Grundsätzlich kann der Gesetzgeber zwei Wege gehen, um eine gleichmäßige Besteuerung sicherzustellen:

Entweder er führt nach dem Vorbild der Quellenbesteuerung von Dividendenerträgen eine Quellensteuer auch für Zinserträge ein. Nach dem mißlungenen und halbherzigen Versuch der Einführung von Quellensteuer auf Zinseinkünfte vom 1. Januar 1989 bis 30. Juni 1989 (siehe S. 23) ist anzunehmen, daß deutsche Sparer auf die Ankündigung einer erneuten Quellensteuererhebung sehr empfindlich reagieren würden, obwohl Quellensteuerabzug ein sehr verbreitetes Mittel ist, um die Zinsbesteuerung sicherzustellen. Beispielsweise haben die Schweiz (35 Prozent Quellensteuer) und Österreich (10 Prozent Quellensteuer) zu diesem Mittel gegriffen.

Der zweite Weg ist eine Meldepflicht der Banken an das Finanzamt über die gezahlten Zinsen. Eine solche Meldepflicht könnte auch stichprobenweise erfolgen. In zahlreichen Staaten (z.B. USA, Kanada, Frankreich, Niederlande, Dänemark, Großbritannien) wird so verfahren. Dieser Weg schränkt zwar das Bankgeheimnis ein, ist aber ein sehr einfaches und wirksames Instrument [Hip90,

S. 1953].

Für welchen Weg sich der deutsche Gesetzgeber entscheiden wird, bleibt abzuwarten. Fest steht, daß sich für diejenigen Steuerpflichtigen, die ihre Zinserträge bisher in ihrer Steuererklärung ordnungsgemäß angegeben haben, nicht viel verändern wird. Für solche Anleger, die bisher ihre Zinseinkünfte nicht deklariert haben, wird die bevorzugte steuerliche Behandlung von Aktienanlagen in Zukunft deutlicher zu Buche schlagen. Es ist vorstellbar, daß Anleger nun beginnen, vermehrt von den steuerlich ungünstigen Renten- in die steuerlich günstigeren Aktienanlagen umzuschichten.

Nach den bisherigen Äußerungen von Bundesfinanzminister Theo Waigel ist eine Neuauflage der Quellensteuer nicht zu erwarten [HB16.7.]. Auf der anderen Seite wehrt sich das Kreditgewerbe gegen die Lockerung des Bankgeheimnisses durch Kontrollmitteilungen. Wahrscheinlich ist, daß durch eine deutliche Anhebung der Freibeträge für Zinseinkünfte der größte Teil der Grauzone aufgefangen wird [HB16.7.].

8. Viele Wege führen zum Anfangsverdacht gegen den Steuerhinterzieher

Meistens schöpfen die Sachbearbeiter im Finanzamt Verdacht, wenn unschlüssige Angaben in der Steuererklärung gemacht werden. Wenn zum Beispiel ein Arbeitnehmer mit DM 200.000,- Bruttojahresgehalt angibt, keine Einkünfte aus Kapitalvermögen zu haben.

Häufig wird ein Anfangsverdacht durch einen anonymen Verleumdungs-Anruf bei der Steuerfahndungsstelle bewirkt. Die Steuerfahndung hat unter anderem für solche Anrufe einen "Bereitschaftsdienst" eingerichtet. Derartige Anzeigen können zum Beispiel vom zerstrittenen Ehepartner, Lebensgefährten, entlassenen Mitarbeitern, Konkurrenten, etc. stammen [Kon90, S. 654].

Es gibt zahlreiche Beispiele dafür, wie der Fiskus durch "dumme Zufälle" auf einen Steuersündenfall aufmerksam wird: Beispielsweise wollte ein deutscher Bürger mit seinem PKW die luxemburgisch-deutsche Grenze passieren. Beim Zoll wollte einer der Beamten einen Blick in seine Brieftasche werfen und fand dort einen Depotauszug einer luxemburgischen Bank. Er informierte sofort das Finanzamt über seinen Fund, das sich seither mehr für die Angaben unter "Einkünfte aus Kapitalvermögen" des betreffenden Steuerpflichtigen interessiert.[20]

Ein weiterer Fall vom Tisch eines Steuerberaters: Ein Vertreter, der auch häufig im Ausland zu tun hatte, hob von seinem Sparbuch DM 100.000,- ab, was dem Finanzamt durchaus als größere Abhebung auffiel. Eine Tankquittung aus Luxemburg, die der Vertreter zur Reisekostenabrechnung einreichte, datierte wenige Tage nach dieser Abhebung. Der zuständige Finanzbeamte ging dem Fall nach und fand bei seinen Nachforschungen ein "schwarzes" Depot in Luxemburg mit über 1 Million DM.[21] Von diesem Depot dürfte nach der Steuernachzahlung und Zahlung der Strafe nicht mehr viel übriggeblieben sein.

---

20 Laut Auskunft eines Berliner Steuerberaters.

21 Laut Auskunft eines deutschen Steuerberaters.

9. Wie kann der Fiskus beweisen, daß ein Anleger Wertpapiere besitzt, die er nicht versteuert?

Zunächst gilt das Erklärungsprinzip (auch: Veranlagungsprinzip). Das heißt, der Steuerpflichtige muß Angaben über seine Einkünfte aus Kapitalvermögen in seiner Steuererklärung abgeben. Für diese Angaben ist die "Anlage KSO"[22] mit Unterschrift des Steuerpflichtigen jeder Einkommensteuererklärung und jedem Antrag auf Lohnsteuer-Jahresausgleich beizufügen [Kon90a, S. 319]. Hier genügt es, die Summen der jeweiligen Einkunftsarten einzutragen [Bör90, S. 6]. Im Regelfall muß der Fiskus davon ausgehen, daß "die Angaben in der Steuererklärung vollständig und richtig sind" [Bankenerlaß, Ziffer 1]. Erst wenn es Unstimmigkeiten in der Einkommensteuererklärung gibt oder der Verdacht aufkommt, daß Einkünfte "vergessen" wurden (zum Beispiel wenn "Null" im KSO-Beiblatt steht, obwohl das Einkommen des Steuerpflichtigen sehr hoch ist, oder wenn kein Sparbuch angegeben wird, etc.), könnte beim Sachbearbeiter im Finanzamt ein Verdacht aufkommen.

Es handelt sich zunächst um Verdachtsmomente allgemeiner Art, bei denen dem Fiskus wenig Möglichkeiten der Informationsbeschaffung offenstehen. Inhaber von Bankkonten und Wertpapierdepots sind nämlich durch den Bankenerlaß vom 31. August 1979, beziehungsweise den §30a der Abgabenordnung weitgehend vor den Nachforschungen der Finanzbehörde geschützt. Das im Bankenerlaß festgeschriebene Bankgeheimnis ist ansonsten nicht kodifiziert, ergibt sich jedoch aus den Sorgfaltspflichten eines ordentlichen Kaufmanns. Der Bankenerlaß war zunächst kein Gesetz, sondern lediglich eine Verwaltungsanweisung des Bundesministers der Finanzen, an den die Gerichte und Staatsanwaltschaften nicht gebunden waren [Mül88, S. 219]. Mit Inkrafttreten des Steuerreformgesetzes am 3.8.1988 sind jedoch Teile des Bankenerlasses in den §30a der Abgabenordnung übernommen und damit in einen gesetzlichen Rahmen gegossen worden. Damit ist jetzt die Einhaltung der wichtigsten Vorschriften des Bankenerlasses ein auf dem Klageweg verfolgbarer Rechtsanspruch [Mül88, S. 220].

---

22 Anlage für Einkünfte aus Kapitalvermögen und sonstige Einkünfte.

Nach §30a der Abgabenordnung, der das Vertrauensverhältnis zwischen den Kreditinstituten und deren Kunden ausdrücklich schützt, darf das Finanzamt keine Flächenfahndung durchführen. Es kann also keine Mitteilung von Konten einer bestimmten Höhe oder Art von den Kreditinstituten verlangen [§30a, Abs. 2, AO]. Dieser Paragraph schützt auch die bei einer Kapitalanlagegesellschaft geführten Investmentdepots, da Kapitalanlagegesellschaften als Kreditinstitute gelten.

Häufig wird vermutet, daß der Fiskus bei der Betriebsprüfung der Banken Steuersünder entdecken könnte. Bei der Außenprüfung der Banken haben die Finanzbeamten unter Umständen zwar Einblick in die Depotlisten, dürfen jedoch laut Gesetz keine Kontrollmitteilung an die Finanzämter der Bankkunden fertigen [§30a, Abs. 3 AO]. Es ist lediglich der unwahrscheinliche Fall denkbar, daß der Finanzbeamte, der die Bankprüfung durchführt, gleichzeitig für die Steuererklärung eines der Bankkunden verantwortlich ist. In diesem Fall könnte dem Finanzbeamten natürlich der Name mit den dazugehörigen Depotbeständen im Gedächtnis haften bleiben.

Diese Kontrollmitteilungen müssen jedoch nur für solche Geschäfte unterbleiben, für die eine Legitimationsprüfung nach §154 Abs. 2 AO vorzunehmen ist [21] [§30a, Abs. 3, AO]. Tafelgeschäfte sind also vor Kontrollmitteilungen nicht geschützt. Für Tafelgeschäfte ist ein solcher Schutz allerdings auch nicht notwendig, da keine persönlichen Daten des Käufers festgehalten werden müssen.

Banken, beziehungsweise andere Institute oder Personen, die Konten führen, Wertsachen verwahren beziehungsweise als Pfand nehmen oder ein Schließfach überlassen, müssen für die eben genannten Geschäfte eine Legitimationsprüfung vornehmen. Das heißt, sie müssen sich Gewißheit über den vollständigen Namen, die Adresse und das Geburtsdatum des Verfügungsberechtigten verschaffen [§154 Abs. 2 AO]. Dies ist am einfachsten möglich durch Vorlage des Personalausweises

---

21 Im §154, Abs. 2 AO wird eine Legitimationsprüfung vorgeschrieben, wenn für jemand ein Konto geführt wird, Wertsachen verwahrt oder als Pfand genommen werden oder ein Schließfach überlassen wird.

oder des Reisepasses und der Meldebescheinigung. Die Banken beziehungsweise andere Institutionen oder Personen sind gehalten, sich die Personalausweis- oder Reisepaß-Nummer und die ausstellende Behörde auf dem Konto zu notieren [§154 Abs.2 AO].

Bis vor kurzem bestand ein Streit, inwieweit sich auch der Vertretungsberechtigte eines Konto- oder Depotinhabers durch Vorlage des Personalausweises legitimieren muß. Während die Kreditinstitute nicht auf einer Identitätsprüfung des Vertretungsberechtigten bestanden, forderte die Finanzverwaltung in jedem Fall eine Prüfung aller Vertretungsberechtigten [Car91, S. 25]. Eine Identitätsprüfung aller Personen, die Vertretungsmacht neben dem Gläubiger über ein Konto oder Depot haben, ist für Kreditinstitute ein erheblicher Mehraufwand [Car91, S. 27]. Die obersten Finanzbehörden der Länder haben nun per Rundschreiben angeordnet, daß Kreditinstitute nicht nur die Personalien des Konto-, Depot- beziehungsweise Schließfachinhabers festhalten müssen, sondern auch die des Bevollmächtigten. Alle Banken müssen bis spätestens 1. Januar 1992 sicherstellen, Auskunft über Konto-, Depot- und Safe-Inhaber sowie über die jeweiligen Bevollmächtigten geben zu können [Min90].

Die gesetzliche Festschreibung der weitgehenden Anonymität derjenigen, die Zinseinkünfte verschweigen, sehen viele Steuerpflichtige als Billigung des Finanzministers, Zinseinkünfte nicht zu versteuern. Tatsächlich könnte die Einbindung des Bankenerlasses in die Abgabenordnung und die Rücknahme der 10prozentigen Quellensteuer im Mai 1989 als eine solche Billigung verstanden werden. Schließlich sind nach Ankündigung der Quellensteuer (diese sollte ab 1.1.1990 erhoben werden) Milliardenbeträge deutschen Sparkapitals ins Ausland geflossen, die der Gesetzgeber unter anderem durch die Aufhebung der Quellensteuer wieder zurückholen wollte. Die Halbherzigkeit des deutschen Gesetzgebers kritisiert Möllinger massiv:

> "Der Verwaltung steht es nicht frei, das Gesetz durch Nichtvollzug oder nur halbherzige Anwendung zu korrigieren. Meint man, (...) durch eine gesetzesgemäße Besteuerung des Kapitalvermögens und der Kapitaleinkünfte entstünden der Allgemeinheit durch Kapitalflucht ins Ausland größere Schäden, so müßten die Konsequenzen daraus in

> der Weise gezogen werden, daß der Gesetzgeber (...) Steuerbefreiung gewährt. Nicht aber geht es an, bewußt eine Grauzone zu schaffen/aufrechtzuerhalten, u.a. mit der Folge, daß letztlich die Ehrlichen wieder einmal die Dummen sind" [Möllinger, zitiert nach Tip90, §102, TZ. 6, S. 17].

Der §30a der Abgabenordnung verdeutlicht zumindest die Wertentscheidung des Gesetzgebers, daß ihm ein reibungsloser Zahlungsverkehr und ein funktionierendes Einlagengeschäft wichtiger seien als die weitgehende Erschwerung der Steuerhinterziehung [Löw90, S. 31]. Durch Quellenabzugsverfahren [22] oder Meldepflichten der Banken über Zinseinkünfte (wie sie z.B. in den USA praktiziert werden) ließe sich eine vollständigere Besteuerung der Zinseinkünfte ohne weiteres auch in Deutschland realisieren [Löw90, S. 33 und TIP90, §102, TZ. 6, S. 15]. Geeignete Maßnahmen zur gleichmäßigen Versteuerung von Zinserträgen werden nach dem "Zinsurteil" vom 27. Juni 1991 derzeit diskutiert (siehe S. 18 f).

Den Bankenerlaß und den §30a der Abgabenordnung sehen viele Juristen als einen klaren Verstoß gegen den Grundsatz der Rechtsanwendungsgleichheit [TIP90, §102, TZ. 6, S. 13]. Tipke äußert sich folgendermaßen in seinem Kommentar zur Abgabenordnung:

> "Wer die vollen Zinseinkünfte erklärt, hat die volle Steuer zu zahlen, wer die Hälfte der wirklichen Einkünfte erklärt, zahlt nur einen Teil der Steuer, wer keine Zinseinkünfte erklärt, hat keine Steuer zu zahlen. Damit wird die Steuer auf Zinseinkünfte zu einer Art "Spende" insbesondere der Ängstlichen und der Gutwilligen denaturiert" [Tip90, §102, TZ. 6, S. 15].

Zusätzlich ist das sogenannte "Amnestiegesetz" erlassen worden, um Steuerpflichtige, die bisher ihre Einkünfte aus Kapitalanlagen nicht angegeben haben, steuerehrlich zu machen. Wer bis zum 31.12.1990 sein Kapitalvermögen und seine Einkünfte daraus für 1986 und 1987 richtig erklärt hat, geht straf- beziehungsweise bußgeldfrei aus. Außerdem erläßt der Fiskus seinen "verlorenen

[22] Vorab-Besteuerung an der Quelle der Erträge, wie dies zum Beispiel bei Dividendengewinnen aus Aktien durchgeführt wird.

Söhnen" die vor 1986 entstandenen Steuern [§ 1 "Amnestiegesetz"]. Dieses Gesetz sollte die hauptsächlich nach Luxemburg gebrachten Anlagebeträge in Milliardenhöhe wieder zurückholen.

Das Amnestiegesetz bezieht sich lediglich auf die Einkünfte aus Kapitalvermögen. Hat ein vergeßlicher Steuerzahler im Rahmen des Amnestiegesetzes dem Finanzamt Schwarzgeld offenbart, so wird sich der Fiskus, wenn er sich schon nicht intensiv um die Besteuerung der Kapitalerträge kümmern darf, zumindest für die Herkunft der Anlagebeträge interessieren. Handelt es sich um nicht versteuerte Einkünfte, wird das Finanzamt die Einkünfte nachversteuern wollen, denn diese fallen nicht unter die Amnestieregelung [Kon90, S. 655]. Falls die zehnjährige Verjährungsfrist für Steuerhinterziehung nicht verstrichen ist, droht dem Steuerpflichtigen sogar Bestrafung [Hip90, Fußnote 9].

Zahlreiche Steuerehrliche fühlen sich durch die Amnestieregelung benachteiligt und pochen auf den Gleichheitsgrundsatz. Das Finanzgericht Münster hat das Bundesverfassungsgericht angerufen, da das Amnestiegesetz seiner Ansicht nach den ehrlichen Steuerzahler in verfassungswidriger Weise diskriminiert [Hip90, Fußnote 10]. Das Karlsruher Gericht hat die Vorlage des Finanzgerichts Münster am 27. Juni 1991 als unzulässig zurückgewiesen. Es gab folgende Begründung dafür an:

> "Mit der strafbefreienden Erklärung offenbare der Steuerpflichtige in seinem deklarierten Kapitalvermögen zugleich die tatsächlichen Voraussetzungen einer früheren Steuerverkürzung. Das Strafbefreiungs-Erklärungsgesetz suche die Folgen einer solchen Selbstbezichtigung zu mäßigen, um dem Steuerpflichtigen eine Rückkehr zur Steuerlegalität zu erleichtern. Diese Brücke zur Legalität brauche nicht derjenige, der bereits ordnungsgemäß veranlagt worden sei" [BVG91a].

Gleichheit wird also durch das Grundgesetz nur vor dem Gesetz und nicht im Gesetzesbruch geschützt [Hip90, S. 1952].

10. So geht die Finanzbehörde in einem Steuerverfahren vor

Wenn die Finanzbehörde bereits konkrete Verdachtsmomente hat, muß sie, bevor sie um Auskunft bei einem Kreditinstitut ansucht, den Steuerpflichtigen bitten, die vermeintlichen Widersprüche in der Steuererklärung zu klären beziehungsweise auszuräumen [§30a, Abs. 5 AO]. Der Steuerpflichtige hat also, bevor ihm die Einleitung eines Straf- oder Bußgeldverfahrens bekannt wird, die Möglichkeit, unrichtige oder unvollständige Angaben zu ergänzen. Er wird, wenn seine Angaben zur Aufklärung führen, nicht zu einer Geldbuße herangezogen [§378, Abs. 3 AO]. Beim Tatbestand der Steuerhinterziehung hat der Steuerpflichtige die Möglichkeit, Selbstanzeige zu erstatten und damit straffrei zu werden [§371 AO]. Allerdings wird in jedem Fall die hinterzogene Steuer nachbelastet.

Erst wenn sich der Steuerpflichtige nicht einsichtig zeigt und nicht zur Ausräumung der Widersprüche beiträgt, wird in der Regel ein Steuerverfahren eingeleitet. Dies kann als "Besteuerungsverfahren" oder - weit schwerwiegender - als "Steuerstrafverfahren" durchgeführt werden.

Hat die Sachverhaltsaufklärung bei einem Besteuerungsverfahren durch den Steuerpflichtigen nicht zum Ziel geführt, ist die Steuerbehörde auch berechtigt, bei der Bank Auskünfte über Konto- und Depotstand zu erfragen [§93 Abs. 1 Satz 3 AO und Mül88, S. 172]. Die Steuerbehörde kann in diesem Fall die Vorlage von Büchern, Aufzeichnungen, Geschäftspapieren oder anderen Urkunden zur Einsicht und Prüfung verlangen [Mül88, S. 171]. Die Bank hat kein Aussageverweigerungsrecht [§§93 und 208 AO], wenn die Behörden gegen Bankkunden in Steuersachen ermitteln [Mül88, S. 171]. Das Auskunftsersuchen des Finanzamtes an die Bank im Besteuerungsverfahren muß folgende Kriterien erfüllen [Mül88, S. 179 und 184]:

- Es muß genügend konkretisiert, das heißt auf bestimmte Sachverhalte bezogen sein.

- Es muß geeignet sein, einen für die Besteuerung erheblichen Sachverhalt aufzuklären.

- Andere Aufklärungsmittel dürfen nicht zur Verfügung stehen. Insbesondere muß die Sachverhaltsaufklärung durch den Kunden selbst nicht zum Ziel geführt haben oder keinen Erfolg versprechen.

- Es darf für die Bank keinen unverhältnismäßig hohen Aufwand erfordern.

- Es muß für die Bank erfüllbar und zumutbar sein.

Die Bank ist jedoch in jedem Fall berechtigt, den Kunden über das Auskunftsersuchen und über den Inhalt der von ihr erteilten Auskunft zu informieren [Mül88, S. 182]. Bei einem Besteuerungsverfahren kann die Bank vom Finanzamt verlangen, das Auskunftsersuchen schriftlich zu formulieren [Mül88, S. 180 und §93 Abs. 2 Satz 2 AO]. Sowohl die Bank als auch der Bankkunde können Beschwerde gegen das Auskunftsersuchen an die Bank einlegen, beziehungsweise Anfechtungsklage erheben [Mül88, S. 181].

Weit schwerwiegender als das Besteuerungsverfahren ist das Steuerstrafverfahren, das den Bestimmungen der Strafprozeßordnung und des Gerichtsverfassungsgesetzes entspricht [§385 AO]. Ein Steuerstrafverfahren wird eingeleitet, wenn "zureichende tatsächliche Anhaltspunkte" für eine Steuerstraftat vorliegen [§152 Abs. 2 StPO]. Steuerstraftaten sind zum Beispiel Steuerhinterziehung, Steuerhehlerei und Subventionsbetrug [Mül88, S. 189]. In der Regel wird die Steuerfahndung oder die Betriebsprüfungsstelle des zuständigen Finanzamtes mit der Ermittlung betraut, aber auch die Staatsanwaltschaft kann ermitteln [§208 AO und Mül88, S. 190].

Wird im Rahmen eines Steuerstrafverfahrens ermittelt, so sind die Banken bei Vorlage des richterlichen Beschlagnahmebeschlusses beziehungsweise der richterlichen Durchsuchungsanordnung uneingeschränkt auskunftspflichtig [Mül88, S. 192]. Es muß in diesem Fall nicht vorher der Bankkunde gefragt worden sein [Mül88, S. 192 f]. In der Regel wird ein Bankmitarbeiter die von dem Steuerfahnder zu beschlagnahmenden Unterlagen heraussuchen und dabei den Einblick in andere, nicht beschlagnahmte Bankunterlagen verhindern, denn solche "Zufallsfunde" darf die Steuerfahndung verwerten [Mül88, S. 196]. Die Finanzbehörde kann auch die Vorlage von Wertsachen, die beispielsweise in einem Bankschließfach deponiert sind, verlangen [§100 AO und Car91, S. 26]. Über die Häufigkeit solcher Steuerverfahren wurde auf Seite 14 dieser Studie berichtet.

Um Rechtsanwendungsgleichheit sicherzustellen, kann die Steuerfahndung nicht nur zur "Erforschung von Steuerstraftaten und Steuerordnungswidrigkeiten", sondern auch zur "Aufklärung und Ermittlung unbekannter Steuerfälle" tätig werden [§208, Abs. 1 AO]. Ein hinreichender Anlaß zur Aufklärung unbekannter Steuerfälle liegt der Steuerfahndung bereits dann vor, wenn die Möglichkeit einer objektiven Steuerverkürzung besteht [Sta90, S. 59]. Bei ihren Nachforschungen bei Dritten, insbesondere bei Banken, muß die Steuerfahndung jedoch auf das besondere Vertrauensverhältnis zwischen den Banken und ihren Kunden Rücksicht nehmen und darf nicht "ins Blaue hinein" forschen [Sta90, S. 59].

11. Wie kann das Finanzamt von der Existenz eines Wertpapier-Depots im Ausland erfahren?

Kapitalanlagen im Ausland entziehen sich fast gänzlich den Kontrollmöglichkeiten der deutschen Steuerbehörden [Bun85, S. 92]. Laut einer Studie des Bundesrechnungshofes werden solche Anlagen entsprechend selten von Steuerpflichtigen angegeben. Eine stichprobenweise Feststellung des Bundesrechnungshofes ergab, daß "derartige Anlagen praktisch nur in Erbschaftsteuererklärungen, die von Dritten, zum Beispiel Testamentsvollstreckern, abgegeben worden waren, aufgeführt" wurden [Bun85, S. 92, siehe Appendix 1].

Zwar unterzeichneten die OECD-Länder bereits zahlreiche bilaterale Verträge zum Informationsaustausch; sie alle sind jedoch hinsichtlich der Aufspürung von Steuerflüchtlingen nicht sehr effizient [Int91]. Zudem haben 28 Länder der OECD und der EG eine gemeinsame "Konvention zur gegenseitigen administrativen Unterstützung in Steuerangelegenheiten" aufgestellt. Dieses Vertragswerk wird auch "Interfipol" genannt, da es eine Art "Fiskal-Interpol" darstellt. England, Deutschland, Luxemburg, Liechtenstein, Malta und die Schweiz haben sich jedoch geweigert, diesen Vertrag zu unterschreiben [Int91].

Ein Richtlinienvorschlag der EG-Kommission zur "Verhinderung der Nutzung des Finanzsystems zum Zwecke der Geldwäsche" wird gerade in europäischen und deutschen Parlamenten beraten [Car91, S. 24]. In diesem Vorschlag ist eine Identitätsprüfung von Bankkunden bei jeder Geschäftsbeziehung mit der Bank vorgesehen [Car91, S. 24].

Dies würde die Aufhebung der Anonymität bei Tafelgeschäften bedeuten. Es ist kaum anzunehmen, daß sämtliche EG-Länder diesem Vorschlag zustimmen werden; würde doch diese Regelung Luxemburgs Bankenlandschaft vermutlich ihrer Existenz berauben. Es wird wahrscheinlich nicht mehr in diesem Jahrtausend geschehen, daß die europäische Steuerharmonisierung das Problem der Kapitalflucht aus Steuergründen effizient unterbinden kann [Int91].

Liegen Vermögenswerte im Ausland, ist auch zu klären, wie die Erben im Erbfall Zugriff auf diese Vermögenswerte erhalten können. Nach Schätzungen sollen "mehrere Milliarden DM in Geld, Gold oder Wertpapieren, die den Bundesdeutschen gehören, unerreichbar für die Erben auf Schweizer Geheimkonten, Depots und in Schließfächern liegen" [Kon90a, S. 559]. Da Schweizer Banken von den Erben die geheime Kontonummer, das Kennwort und bei Schließfächern auch den Safeschlüssel verlangen, kommen zahlreiche Erben an das Angesparte der Erblasser nicht heran, selbst dann nicht, wenn sie davon wissen [Kon90a, S. 559].

Lediglich wenn eine Steuerfahndung eingeleitet ist, besteht für das Finanzamt die Möglichkeit, Steuersünder, die ihre Vermögensgegenstände ins Ausland gebracht haben, zu ertappen. Im Falle einer Steuerfahndung hat die Steuerbehörde die Möglichkeit, beispielsweise auch von einer luxemburgischen Bank zu erfahren, ob ein Depot existiert.[25] Bei einem Schweizer Depot tut sich die Steuerfahndung schon schwerer. Über die genaue Vorgehensweise bei Nachforschungen im Ausland wollte sich die Berliner Steuerfahndungsstelle nicht näher äußern.

25 Laut Auskunft der Berliner Steuerfahndungsstelle.

12. Wie wird im Todesfall verfahren?

Gehen wir davon aus, daß ein Anleger keine gravierenden Unstimmigkeiten in seiner Steuererklärung hat und daß gegen ihn kein Steuerverfahren eingeleitet worden ist. Er könnte sich trotz "Vergessens" seines Investmentdepots oder seiner effektiven Investmentzertifikate recht sicher fühlen. Der Steuerpflichtige muß jedoch aufpassen, daß er nicht stirbt, denn die Entdeckung seiner "Vergeßlichkeiten" droht nach seinem Tod.

Mit dem Tod eines Bankkunden erlischt das Bankgeheimnis zum Teil, da die schützende Wirkung des §30a der Abgabenordnung wegfällt. Kreditinstitute, Vermögensverwalter, Notare und alle sonstigen Personen, die sich geschäftsmäßig mit der Verwahrung oder Verwaltung fremden Vermögens befassen, sind verpflichtet, dem zuständigen Finanzamt für Erbschaft- und Verkehrssteuern den Tod ihres Klienten innerhalb eines Monats nach Bekanntwerden mitzuteilen [§33, Abs. 1 ErbStG und §5, Abs.1 ErbStDV]. Die Anzeigepflicht besteht also erst bei der positiven Kenntnis des Todesfalls, die Vermutung eines Todesfalls löst noch keine Meldepflicht aus [Sch88, S. 46].

Einen offiziellen Weg, auf dem die Banken vom Tod eines Kunden erfahren, gibt es nicht. Damit wird in Kauf genommen, daß den Kreditinstituten nicht alle Sterbefälle bekannt werden [Sch88, S. 46]. Meistens erfahren Banken vom Tod eines Kunden durch die Erben, durch Zeitungsanzeigen, durch Rücksendungen von Briefsendungen mit dem Vermerk "Empfänger verstorben" oder ihnen fällt auf, daß auf einem sonst sehr aktiven Konto keinerlei Bewegungen mehr stattfinden.[26] Unterläßt die Bank die Meldung vorsätzlich (das heißt trotz positiver Kenntnis vom Tod), so liegt eine Steuerordnungswidrigkeit vor [§33 Abs. 4, ErbStG], die mit einer Geldbuße zwischen DM 5,- und DM 1.000,- geahndet wird [Sch88, S. 48]. Obwohl die Banken nicht dazu verpflichtet sind, ist es Geschäftspraxis der Banken, die Erben über den Inhalt der erfolgten Meldung zu informieren [Sch88, S. 48].

---

26 Laut Auskunft einer deutschen Geschäftsbank.

Die Anzeige der Bank an die Erbschaftsteuerstelle kann unterbleiben, wenn das bei einem Geldinstitut verwahrte Vermögen DM 2.000,- nicht übersteigt [§5, Abs. 4 ErbStDV und Sch88, S. 46]. Ansonsten muß die Bank eine auf den Todeszeitpunkt bezogene Aufstellung sämtlicher Konten und Depots an die Erbschaftsteuerstelle senden. Bisher haben Banken meist je einen Depot- und Kontoauszug vom Todestag an die Erbschaftsteuerstelle geschickt. Dies verleitete einige Erben dazu, noch am Todestag des Erblassers vor Kassenschluß Depot und Konto des Verstorbenen "leerzuräumen". Die Bank übermittelte in solchen Fällen wahrheitsgemäß den Konto- und Depotstand, der am Ende des Todestages noch verblieb. Um eine gleichmäßige Besteuerung sicherzustellen, sind Kreditinstitute nun gehalten, Konto- und Depotstand zum Bankstichtag vor dem Todestag des Erblassers mitzuteilen. Investmentanteile werden mit dem Rücknahmepreis bewertet [Sch88, S. 44]. Guthaben dürfen dabei nicht mit den Verbindlichkeiten saldiert werden [Sch88, S. 44]. Die Zinsen für das Todesjahr werden nicht aufgeführt [Sch88, S. 43].

Die Meldepflicht der Banken besteht auch für alle Gemeinschaftskonten des Verstorbenen (Und- oder Oderkonten) [§5 Abs. 2 ErbStDV]. Die Banken sind verpflichtet, das gesamte Guthaben von Gemeinschaftskonten anzugeben, unabhängig davon, auf welchen Anteil der Erblasser im Innenverhältnis ein Anrecht hatte [Sch88, S. 38]. Außerdem muß die Bank eine Mitteilung machen, ob ein Schließfach vermietet war [§33, Abs. 1, ErbStG und Sch88, S. 41].

Viele Kapitalanlagegesellschaften sehen auf ihren Antragsformularen für die Einrichtung eines Investmentdepots eine Vollmachtserklärung über den Tod hinaus vor. Hierin kann der Investmentsparer vereinbaren, daß entweder er selber oder der Bevollmächtigte erteilte Abrechnungen, Depotaufstellungen und sonstige Schriftstücke entgegennehmen, prüfen und anerkennen sowie das Depot auflösen kann. Es ist kaum möglich für die depotführende Kapitalanlagegesellschaft, vom Tod eines ihrer Klienten zu erfahren, wenn sie nicht von den Erben beziehungsweise einem Testamentvollstrecker benachrichtigt wird. Daher besteht für den Bevollmächtigten die Möglichkeit, nach dem Tod des Vollmachtgebers über das Investmentdepot zu verfügen, es entweder weiterzuführen oder aufzulösen. Selbstverständlich muß der Erbe den Wert des Investmentdepots als

Teil der Erbschaft der Erbschaftsteuerstelle mitteilen. Tut er dies nicht, handelt es sich um ein Steuervergehen. Falls die Kapitalanlagegesellschaft nachträglich vom Tod ihres Anlegers erfährt, muß sie eine Meldung machen, allerdings ist dieser Fall in der Praxis sehr selten.

Bei einem Vertrag zugunsten Dritter [§328, §331 BGB] auf den Todesfall oder einer Vollmacht auf den Todesfall muß der Begünstigte eine Sterbeurkunde vorlegen, wenn er über ein Konto verfügen will. Mit Vorlage der Sterbeurkunde ist der Bank der Todesfall bekannt und die Mitteilungspflicht besteht. Die Bank muß dann eine Mitteilung an das Finanzamt über die Höhe des Guthabens und über Namen und Anschrift des Begünstigten machen [Sch88, S. 38].

Ein Investmentdepot und effektive Investmentanteile können nicht durch einen Vertrag zugunsten Dritter auf den Todesfall übertragen werden. Da die Übertragung von Wertpapieren einer sachenrechtlichen Einigung bedarf, ist für diesen Fall eine "auf den Todesfall bedingte Einigung" nach §929 BGB nötig [Sch88, S.77 und S. 89]. Für eine solche sachenrechtliche Einigung ist die Mitwirkung des Begünstigten notwendig [§929 BGB]. Das heißt, der Bankkunde schließt mit dem Begünstigten einen Vertrag, daß das Eigentum der im Depot befindlichen Wertpapiere im Todeszeitpunkt auf den Begünstigten übergehen soll [Sch88, S. 89]. Der Vertrag wird der Bank übergeben. Der Bankkunde kann den Vertrag jederzeit ohne Zustimmung des Begünstigten gegenüber der Bank widerrufen [Sch88, S. 89].

Die Erben müssen, wenn kein Testamentsvollstrecker oder Nachlaßverwalter eingesetzt wird, dem Finanzamt den Wert und den Gegenstand des Geerbten unter Einhaltung einer 3monatigen Frist mitteilen [§30, Abs. 1 und 4 ErbStG]. Der Erbe muß also alle Konten, Aktiendepots, Sparbriefe, Investmentverträge oder Bausparverträge detailliert aufführen [Erd89, S 55]. Hier gilt wieder das Erklärungsprinzip, es ist also kein Finanzbeamter bei der Öffnung des Safes dabei. Ist der Erbe bereits vor dem Tod des Erblassers verfügungsberechtigt über den Safe und weiß die Bank noch nichts vom Tod ihres Kunden, hat der Erbe Zugang zum Safe. Es wird jedoch routinemäßig protokolliert, wer wann Zugang zum Safe hatte. Nicht protokolliert wird, ob und was dem Safe entnommen

wurde. Hat der Erbe Verfügungsgewalt über den Tod hinaus, so hat er auch nach Bekanntwerden des Todes bei der Bank Zugang zum Safe.[27] Wenn der Erbe über das Konto, Depot oder Safe nicht bereits verfügungsberechtigt ist, wird folgender Weg eingeschlagen:

Der beziehungsweise die Erben gehen zum Nachlaßgericht (Amtsgericht), um sich einen Erbschein ausstellen zu lassen. Dieser wird dem Antragsteller nach einer eidesstattlichen Versicherung und nach Prüfung der Rechtslage erteilt. Das Amtsgericht macht eventuell eine Meldung an die Wohnsitz-Finanzämter der Erben. Wie sorgfältig diese Mitteilung jedoch durchgeführt wird, ist im Appendix 1 nachzulesen. Die Kosten für Antrag und die Erteilung des Erbscheins sind abhängig von der Höhe des Nachlaßwertes. Bei Notaren und Nachlaßgerichten liegen Tabellen aus, aus denen sich die exakten Kosten ablesen lassen.[28] Die Kosten für Antrag und Erteilung eines Erbscheins bei einem Netto-Nachlaß von DM 100.000,- betragen z.B. DM 520,- [Erd89, S. 39].

Der Erbschein ist mit "öffentlichem Glauben" [29] verbunden [§2366 BGB], das heißt derjenige, der unter Vorlage des Erbscheins etwas an den Erben herausgibt, leistet mit befreiender Wirkung.[30] Daher wird die Bank, auch wenn der Erbe ein handschriftliches Testament vorlegt, zusätzlich auf Vorlage des Erbscheins bestehen, ehe sie Vermögensgegenstände an den Erben ausgibt [Sch88, S. 60]. Existiert bei der Bank ein Safe, muß sich der Erbe beziehungsweise die Personen, die laut Erbschein erbberechtigt sind, legitimieren und haben dann (bei mehreren Erben nur gemeinsam oder durch Vollmacht vertreten) Zugang zum Safe.

---

27 Laut Auskunft einer deutschen Großbank.

28 Laut Auskunft des Berliner Nachlaßgerichts.

28 Das heißt, derjenige, der sich auf den Inhalt des Erbscheins verläßt, ist in seinem Glauben gesetzlich geschützt, es sei denn, daß er die Unrichtigkeit kennt oder weiß, daß das Nachlaßgericht die Rückgabe des Erbscheins wegen Unrichtigkeit verlangt hat [§ 2366 BGB]. Auch das Grundbuch ist mit "öffentlichem Glauben" verbunden [§ 892 BGB].

29 Das heißt, er ist auch dann geschützt, wenn sich später herausstellt, das der Erbschein-Inhaber gar nicht erbberechtigt war [Sch88, S. 60].

Wenn die Erben im Ausland wohnen oder wenn die Erbfolge nicht ganz klar ist, verlangt die Bank zusätzlich zum Erbschein eine Unbedenklichkeitsbescheinigung. Mit der Unbedenklichkeitsbescheinigung kann sich die Bank sicher sein, daß sie nicht für die Erbschaftsteuer haften muß, wenn das Vermögen des Erblassers vor Entrichtung der Erbschaftsteuer in das Ausland gebracht wird [§20 Abs. 6 ErbStG und Sch88, S. 51]. Die Unbedenklichkeitsbescheinigung stellt die Erbschaftsteuerstelle am Wohnsitz des Erblassers kostenlos aus. Die Erben müssen hierfür alle Unterlagen (Erbschein, Aufstellung der Erbmasse, eventuell das Testament, etc.) einreichen und die anfallende Erbschaftsteuer bezahlen. Falls die Erben die Steuer nicht sofort aus eigenen Mitteln bezahlen können, wird in der Unbedenklichkeitsbescheinigung zunächst lediglich ein Teilbetrag freigegeben und nach vollständiger Entrichtung der Steuer der Restbetrag.[31] Mit Erbschein und Unbedenklichkeitsbescheinigung weist sich der Erbe bei der Bank als verfügungsberechtigt über Konten, Depots und Safe aus.

Wird ein Testamentsvollstrecker oder Nachlaßverwalter eingesetzt, so wird der Safe in seinem Beisein geöffnet. Auch die Steuererklärung ist von diesem an das Finanzamt abzugeben [§31, Abs. 5 ErbStG]. Die Vergeßlichkeit und Gestaltungsfehler des Erben bei seiner Erbschaftsteuererklärung sind in diesem Fall nicht mehr zu befürchten. Stellt das Finanzamt fest, daß der Erblasser zu seinen Lebzeiten einige der im Safe oder auf den Depots befindlichen Wertpapiere nicht in seiner Steuererklärung angegeben hatte, so wird die Steuer nachbelastet und schmälert das Erbe. Buß- oder Strafgelder werden der Erbmasse jedoch nicht belastet.[32]

Ein Erbe soll nicht denken, daß er den Tod des Erblassers dem Fiskus verschweigen könne und er damit nicht zur Erbschaftsteuer herangezogen wird. Das Finanzamt erfährt auf jeden Fall vom Tod des Steuerpflichtigen, da die Standesämter für die Erbschaftsteuerstellen monatliche Sterbelisten erstellen [Erd89, S. 47 und §9 EbsStDV]. Zusätzlich müssen sämtliche Gerichte, Notare, Behörden und Beamte der zuständigen Erbschaftsteuerstelle eine Mitteilung

---

31 Laut Auskunft der Berliner Erbschaftsteuerstelle.

32 Laut Auskunft der Berliner Steuerfahndungsstelle.

machen über alle Beurkundungen, Zeugnisse und Anordnungen, die für die Festsetzung einer Erbschaftsteuer wichtig sein können [§34 ErbStG].

Wie wenig organisiert der Informationsfluß jedoch bei manchen Finanzämtern ist, beschreibt eine Studie des Bundesrechnungshofes von 1985, die im Appendix 1 beigefügt ist. Eine Studie neueren Datums wurde bisher nicht veröffentlicht.

Gesetze

Amnestie-gesetz	Gesetz über die strafbefreiende Erklärung von Einkünften aus Kapitalvermögen und von Kapitalerträgen *Fassung vom 25. Juli 1988*
AO	Abgabenordnung *Stand: 1.2.1990*
BewG	Bewertungsgesetz *Fassung vom 26.9.1974*
BGB	Bürgerliches Gesetzbuch *Vom 18. August 1896, am 1.1.1900 in Kraft getreten*
ErbStDV	Erbschaftsteuer-Durchführungsverordnung *Vom 19.1.1962, zuletzt geändert am 17.4.1974*
EStG	Einkommensteuergesetz *Vom 27.2.1987*
ErbStG	Erbschaftsteuer- und Schenkungsgesetz *Vom 17.4.1974, zuletzt geändert am 19.12.1985*

KAGG	Gesetz über Kapitalanlagegesellschaften *Novelle in Kraft getreten am 1.3.1990*
StPO	Strafprozeßordnung *Fassung vom 7.4.1987*
VStG	Vermögensteuergesetz *Fassung vom 17.4.1974.*

Literatur

[Bad90] Badura, Karl-Heinz:
"Steuern sparen leicht gemacht"
Bergisch Gladbach, 1990.

[BAK76] Schreiben des Bundesaufsichtsamtes für das Kreditwesen an die Spitzenverbände der Kreditinstitute vom 21. Januar 1976:
"Anforderungen an die Durchführung von Wertpapier-Tafelgeschäften"
In: Consbruch, Möller, Bähre, Schneider: Gesetz über das Kreditwesen mit verwandten Gesetzen und anderen Vorschriften.
München, 1. Juli 1990.

[Ban90] **"Bankgeheimnis und Bankauskunft in der Praxis"**
Herausgegeben von den Spitzenverbänden des Kreditgewerbes
Bank-Verlag Köln, 1990.

[Bei91] Beier, Martin und Silke Klus:
"Preisunterschiede von 60 Prozent"
Das Wertpapier 4/91, 8. Feb. 1991, S. 8.

[Bör90] **"Kapitalerträge - so sparen Sie Steuern"**
Börse Online, Nr. 12/1990, S. 6-12.

[Bor89] Borgmeier, Bernd:
"Ratgeber Investmentfonds"
Heyne Verlag GmbH & Co. KG, München, 1989.

[Bun85] **"Besteuerung der Einkünfte aus Kapitalvermögen, die nicht dem Steuerabzug vom Kapitalertrag unterliegen"**
Bundestagsdrucksache 10/4367, S. 89 ff
(siehe Appendix 1).

[BVG91] Verlautbarung der Pressestelle des Bundesverfassungsgerichts Nr. 24/91 vom 27.6.91.

[BVG91a] Verlautbarung der Pressestelle des Bundesverfassungsgerichts Nr. 25/91 vom 27.6.91.

[Car91] Carl/Klos:
"Tafelgeschäfte"
Deutsche Steuerzeitung Nr. 1-2, 1991; S. 24-30.

[Erd89] Erdmann, Kurt Frank:
"Den Nachlaß rechtzeitig regeln"
Bank-Verlag GmbH, Köln, 1989.

[Gab84] **"Gablers Wirtschaftslexikon"**
11. Auflage, Wiesbaden, 1984.

[Hag70] Hagenmüller, Karl:
"Der Bankbetrieb"
4. Auflage; Wiesbaden, 1970.

[HB1.7.] **"Ehrlichkeit schon jetzt geboten"**
Handelsblatt, 1.7.1991; S. 2

[HB16.7.] **"Neuber: Staatliche Neuverschuldung schwere Hypothek für die Zukunft"**
Handelsblatt, 16.7.1991.

[Hip90] Hippel, Eicke von:
"Besteuerung von Zinseinkünften: Verfassungswidriges Verhalten des Gesetzgebers?"
Betriebsberater, Nr. 28 vom 10.10.1990; S. 1951-1954.

[Hüf89] Hüffer, Uwe:
"Aktuelle Rechtsfragen zum Bankkonto"
Köln, 1989. Verlag Kommunikationsforum Recht, Wirtschaft, Steuern.

[Int91] **"Tax secrets are under threat"**
International Money Marketing, 25.1.1991.

[Kon90] Konz, Franz:
"1000 ganz legale Steuertricks"
München, 1990.

[Kon90a] Konz, Franz:
"Der kleine Konz"
München, 1990.

[Löw90] Löwe-Krahl, Oliver:
"Die Verantwortung von Bankangestellten bei illegalen Kundengeschäften"
Hannover, Boorberg 1990.

[Min90] Ministerium der Finanzen (Rheinland-Pfalz):
Schreiben an die Oberfinanzdirektion Koblenz
vom 2.7.1990.

[Mül88] Müller-Brühl, Franz Josef:
"Die Legitimationsprüfung und andere Steuerthemen für Banken"
Deutscher Genossenschafts-Verlag eG, Wiesbaden, 1988
6. Auflage.

[Mül90] dto.,
7. Auflage, Wiesbaden 1990.

[Sch87] Schebasta, Michael:
"Bankprobleme beim Tod eines Kunden"
Deutscher Genossenschafts-Verlag eG, Wiesbaden, 1987.

[Sch91] Schmidet, Annette und Anselm Schmidt:
"Gemischte Gefühle. Das Bundesverfassungsgericht fordert vom Fiskus Steuergerechtigkeit. Dem Kapital ist dies schnuppe: es flieht"
Wirtschaftswoche, Nr. 28; 5.7.1991; S. 93-94.

[Sta90] Stache, Ulrich:
"Wenn der Fiskus Fragen stellt..."
Bankkaufmann, Nr. 8/1990, S. 56-60.

[Tip90] Tipke, Klaus und Heinrich Wilhelm Kruse:
"Abgabenordnung"
Köln, 13. Auflage, 1990.
Loseblattsammlung, letzte Ergänzungslieferung vom Nov. 1990.

Appendix 1

Bundestagsdrucksache 1985 Nr. 10/4367, S. 89 ff

Unterrichtung durch den Bundesrechnungshof: Bemerkungen des Bundesrechnungshofes 1985 zur Haushalts- und Wirtschaftsführung

Zu beziehen über: Verlag Dr. Hans Heger
Telefon: (0228) 36 35 51

Allgemeine Finanzverwaltung

(Einzelplan 60)

44 Besteuerung der Einkünfte aus Kapitalvermögen, die nicht dem Steuerabzug vom Kapitalertrag unterliegen

(Kapitel 60 01)

44.0

Die Einkünfte aus Kapitalvermögen, die nicht dem Steuerabzug vom Kapitalertrag unterliegen, werden nicht gleichmäßig und nur sehr unvollständig

versteuert. Die Zusammenarbeit zwischen den verschiedenen Arbeitsbereichen in der Steuerverwaltung ist zu verbessern. Der Bundesminister der Finanzen wird Untersuchungen über den tatsächlichen Umfang der Steuerausfälle anzustellen haben, um dann durch geeignete Maßnahmen eine zutreffende steuerliche Erfassung dieser Einkünfte sicherzustellen.

44.1 Vorbemerkung

44.1.1

Einkünfte aus Kapitalvermögen unterliegen der Einkommensteuer (§§ 2 Abs. 1 Nr. 5, 20 Einkommensteuergesetz — EStG —). Diese wird teilweise durch Abzug vom Kapitalertrag (Kapitalertragsteuer) als Vorauszahlung auf die Einkommen- oder Körperschaftsteuer erhoben, z. B. bei Gewinnanteilen (Dividenden). Für Zinsen aus Guthaben bei Kreditinstituten und aus festverzinslichen Wertpapieren kennt das Einkommensteuergesetz dagegen grundsätzlich keinen Steuerabzug an der Quelle.

44.1.2

In der finanzpolitischen Diskussion der letzten Jahre ist die Frage der ungleichen Belastung von gesetzestreuen gegenüber gesetzeswidrig handelnden Steuerpflichtigen bei der Besteuerung der Einkünfte aus Kapitalvermögen erörtert worden. Die sich hieraus ergebenden Steuerausfälle erreichen eine Größenordnung von mehreren Milliarden DM.

Nach den Mitteilungen der Deutschen Bundesbank betrug das Einkommen aus Geldvermögen aller privaten Haushalte im Jahre 1981 80,5 Mrd. DM. Nach der Geschäftsstatistik über die maschinelle Einkommensteuerveranlagung wurden im Jahre 1981 16,6 Mrd. DM Einkünfte aus Kapitalvermögen steuerlich erfaßt. Dies entspricht einer Deklarierungsquote von rd. 21 v. H. Das läßt zwar nicht den Schluß zu, daß 79 v. H. dieser Einkünfte vorsätzlich oder fahrlässig der Besteuerung entzogen worden sind. Denn aufgrund unterschiedlicher Freibeträge, Pauschbeträge, Härteausgleiche und der Steuerfreistellung bestimmter Zinsen aus Sparanlagen bleibt ein gewisser Teil der Kapitaleinkünfte steuerfrei. Die genannten Zahlen zwingen aber zu der Annahme, daß die steuerpflichtigen Einkünfte unzureichend erfaßt werden.

44.2 Informationen der für die Einkommenbesteuerung zuständigen Finanzämter durch die Erbschaftsteuerstellen

44.2.1

Nach den Bestimmungen der Abgabenordnung sind die Finanzämter verpflichtet, die Steuern nach Maßgabe der Gesetze gleichmäßig festzusetzen und zu erheben. Sie haben dabei den Sachverhalt von Amts wegen zu erforschen und können von den Beteiligten und anderen Personen Auskünfte jeder Art einholen.

Bei der Ermittlung der Einkünfte aus Kapitalvermögen sind den Finanzämtern jedoch enge Grenzen gesetzt. Sie haben vor allem im Veranlagungsverfahren nur beschränkte Möglichkeiten, die Erklärung des Steuerpflichtigen über seine Zinseinnahmen zu überprüfen.

Die obersten Finanzbehörden des Bundes und der Länder gehen nach dem Schreiben des Bundesministers der Finanzen (Bundesminister) vom 31. August 1979 (Bundessteuerblatt 1979 Teil I S. 590) — sogenannter Bankenerlaß — davon aus, daß im Regelfall die Angaben der Steuerpflichtigen über ihre Einkünfte aus Kapitalvermögen in der Steuererklärung vollständig und richtig sind. In Vordrucken für Steuererklärungen soll die Angabe der Nummern von Konten und Depots, die der Steuerpflichtige unterhält, grundsätzlich nicht verlangt werden. Einzelauskunftsersuchen an Kreditinstitute sollen erst gestellt werden, wenn die Sachverhaltsaufklärung durch den Steuerpflichtigen nicht zum Ziel geführt hat oder keinen Erfolg verspricht.

Im Fall des Todes eines Steuerpflichtigen besteht jedoch eine umfassende Möglichkeit, seine Angaben über Erträge aus inländischem Kapitalvermögen zu überprüfen. Denn nach § 33 Abs. 1 Erbschaftsteuer- und Schenkungsteuergesetz (ErbStG) sind Kreditinstitute verpflichtet, in Todesfällen den Stand von Konten und Depots sowie die Nutzung von Schließfächern den für die Verwaltung der Erbschaftsteuer zuständigen Finanzämtern anzuzeigen. Nach übereinstimmenden Angaben der vom Bundesrechnungshof befragten Erbschaftsteuerstellen erfüllen die Banken im allgemeinen diese Verpflichtung.

44.2.2

Der Bundesrechnungshof hat in den Jahren 1984 und 1985 bei sieben Erbschaftsteuerstellen und zehn Wohnsitzfinanzämtern stichprobenweise in Erbfällen der Jahre 1979 bis 1982 geprüft, ob die Erbschaftsteuerstellen die für die Erblasser und Erben zuständigen Wohnsitzfinanzämter über die in den Anzeigen der Banken aufgeführten Guthaben unterrichtet und ob die Wohnsitzfinanzämter die Mitteilungen für Zwecke der Einkommensteuer ausgewertet haben.

Der Bundesrechnungshof hat 827 Erbfälle untersucht. Dabei wurden nur Erblasser mit einem Kapitalvermögen über 50 000 DM, vorwiegend höhere Vermögensanfälle, ausgewählt.

Die Prüfung hat ergeben, daß die Oberfinanzdirektionen den Finanzämtern teilweise unzureichende und nicht einheitliche Weisungen erteilt haben. Zunächst war nur die Unterrichtung des für die Erben zuständigen Wohnsitzfinanzamtes vorgesehen, soweit der Erwerb mehr als 50 000 DM (in einem Land 20 000 DM) beträgt und die Mitteilung ohne beson-

dere Ermittlungen möglich ist. Erst in den letzten Jahren haben die meisten Oberfinanzdirektionen die Finanzämter angewiesen, auch das für den Erblasser zuständige Finanzamt zu unterrichten, wobei wiederum unterschiedliche Sachverhalte und Mindestbeträge genannt sind.

Der Bundesrechnungshof hat insbesondere folgende Mängel festgestellt:

— Trotz bestehender Weisungen haben die Erbschaftsteuerstellen in einer Vielzahl von Fällen keine Mitteilungen erstellt.

— Eine größere Zahl von abgesandten Mitteilungen war bei den Wohnsitzfinanzämtern nicht auffindbar.

— Die Mitteilungen der Erbschaftsteuerstellen waren teilweise so abgefaßt, daß sie nur nach Rückfragen auszuwerten waren. So waren die Geldanlagen öfter nur summarisch vermerkt.

— Soweit die Mitteilungen überhaupt ausgewertet wurden, bestand häufig Anlaß zu Beanstandungen. So haben Wohnsitzfinanzämter die Zinserträge teilweise zu niedrig angesetzt oder diese nur für ein Jahr erfaßt, obwohl eine Nachversteuerung für mehrere Jahre geboten gewesen wäre.

Einzelheiten ergeben sich aus nachfolgender Aufstellung:

Gefertigte und ausgewertete Kontrollmitteilungen der Erbschaftsteuerstellen

Finanzamt	geprüfte Fälle	gefertigte Kontrollmitteilungen		nicht auffindbar		nicht ausgewertet		fehlerhaft ausgewertet		zutreffend ausgewertet	
		Zahl	v. H.	Zahl	v. H.	Zahl	v. H.	Zahl	v. H.	Zahl	v. H.
1	69	41	*(59,4)*	8	*(19,5)*	14	*(34,2)*	15	*(36,6)*	4	*(9,8)*
2 und 3	178	—		—		—		—		—	
4	191	28	*(14,7)*	6	*(21,4)*	2	*(7,1)*	2	*(7,1)*	18	*(64,3)*
5	82	15	*(18,3)*	10	*(66,7)*	2	*(13,3)*	1	*(6,7)*	2	*(13,3)*
6 und 7	96	25	*(26,0)*	10	*(40,0)*	6	*(24,0)*	4	*(16,0)*	5	*(20,0)*
8 und 9	109	57	*(52,3)*	33	*(57,9)*	14	*(24,6)*	4	*(7,0)*	6	*(10,5)*
10	102	91	*(89,2)*	14	*(15,4)*	28	*(29,7)*	20	*(22,0)*	29	*(31,9)*
Summe	827	257	*(31,1)*	81	*(31,5)*	66	*(25,7)*	46	*(17,9)*	64	*(24,9)*

Die Erbschaftsteuerstellen haben demnach nur in einem knappen Drittel der geprüften Erbfälle Kontrollmitteilungen gefertigt. Davon haben die Wohnsitzfinanzämter nur rd. ein Viertel zutreffend ausgewertet.

Der Bundesrechnungshof hat festgestellt, daß in den Fällen, in denen der Informationsfluß von den Erbschaftsteuerstellen zu den Wohnsitzfinanzämtern gut ist, die Steuerpflichtigen in ihren Steuererklärungen deutlich zutreffendere Angaben machen als sonst.

44.2.3

Die mittels der Anzeigepflicht der Banken gegebene Möglichkeit, Erträge aus der Nutzung vorhandenen Vermögens besser zu erfassen, und die oben beschriebenen Verfahrensmängel haben den Bundesrechnungshof veranlaßt, dem Bundesminister vorzuschlagen, in Absprache mit den Ländern durch bundeseinheitliche Weisungen zu regeln, wie die bei den Erbschaftsteuerstellen vorhandenen Informationen über Kapitalvermögen für die Einkommenbesteuerung nutzbar gemacht werden können.

44.2.4

Der Bundesminister hat zu den Vorschlägen des Bundesrechnungshofes über ein verbessertes Mitteilungsverfahren erwidert, daß auch nach seiner Ansicht die Besteuerung von Kapitalerträgen in einem Bereich, der den Finanzbehörden ohne Schwierigkeiten zugänglich ist, so vollständig wie möglich durchgeführt werden solle. Er hat dabei jedoch auf seine begrenzten Einwirkungsmöglichkeiten auf die Länder wegen der föderalistischen Struktur der Finanzverfassung verwiesen. Die obersten Finanzbehörden der Länder seien aber bereit, entsprechend den Anregungen des Bundesrechnungshofes ein möglichst einheitliches Verfahren für die Zusammenarbeit zwischen den Erbschaftsteuerstellen und den Wohnsitzfinanzämtern zu schaffen.

Im übrigen seien die Finanzbehörden durch den sogenannten Bankenerlaß nicht gehindert, die Erklärung des Steuerpflichtigen über die ihm zugeflossenen Zinseinnahmen durch Nachfragen beim Steuerpflichtigen und gegebenenfalls durch das Verlangen, Urkunden vorzulegen, zu überprüfen, sofern dazu Anlaß besteht. Ebensowenig verbiete der Bankenerlaß den Finanzämtern, Einzelauskunftsersuchen an Kreditinstitute zu richten.

44.2.5

Der Bundesrechnungshof bleibt bei seiner Auffassung, daß der sogenannte Bankenerlaß die Ermittlungen der Finanzbehörden beschränkt; Inhalt und

Wortlaut des Erlasses führen dazu, daß diese die Möglichkeiten zur Sachverhaltsaufklärung nicht vollständig ausschöpfen. Er trägt so dazu bei, daß die Einkünfte aus Kapitalvermögen nicht gesetzmäßig und gleichmäßig besteuert werden.

44.3 Einkommensteuerliche Erfassung von Erträgen aus verzinslich angelegtem Geldvermögen privater Haushalte

44.3.1

Der Bundesrechnungshof hat in den 827 Erbfällen anhand der bei den Erbschaftsteuerstellen vorgefundenen Informationen untersucht, in welchem Umfang die Erblasser die Zinserträge aus privatem Geldvermögen in ihren Einkommensteuererklärungen angegeben hatten. Das Geldvermögen der Erblasser betrug durchschnittlich 134 000 DM.

Nach den Feststellungen bei den zehn Wohnsitzfinanzämtern waren die Erträge nur aus einem Viertel des vorhandenen Vermögens als Einkünfte erklärt. Die Deklarierungsquote, aus der nicht ohne Einschränkung auf die Höhe der Steuerpflicht geschlossen werden kann, bewegte sich bei den einzelnen Finanzämtern zwischen 3,7 v. H. und 47,7 v. H. Auch unter Berücksichtigung der Beträge, die durch Auswertung der Mitteilungen der Erbschaftsteuerstellen nachträglich erfaßt wurden, ist weit mehr als die Hälfte des privaten Geldvermögens, rd. 65 v. H., mit seinen Erträgen nicht zur Einkommensteuer herangezogen worden.

Einzelheiten ergeben sich aus nachfolgender Übersicht:

Einkommensteuerlich erfaßtes Geldvermögen

Finanzamt	Geldvermögen lt. ErbStSt (ohne Steuerabzug von den Erträgen)	Vermögen, dessen Erträge erklärt waren		Vermögen, dessen Erträge aufgrund einer Mitteilung der ErbStSt nacherfaßt wurden		unerfaßt gebliebenes Vermögen	
1	2	3 *)		4 *)		5	
	TDM	TDM	v. H.	TDM	v. H.	TDM	v. H.
1	8 400	2 600	*(30,9)*	1 150	*(13,7)*	4 650	*(55,4)*
2 und 3	18 700	2 600	*(13,9)*	—	*(—)*	16 100	*(86,1)*
4	23 237	2 754	*(11,8)*	18	*(0,2)*	20 465	*(88,0)*
5	7 900	295	*(3,7)*	977	*(12,4)*	6 628	*(83,9)*
6 und 7	14 160	5 260	*(37,2)*	180	*(1,2)*	8 720	*(61,6)*
8 und 9	20 900	9 970	*(47,7)*	2 050	*(9,8)*	8 880	*(42,5)*
10	17 880	5 150	*(29,4)*	6 090	*(34,3)*	6 640	*(37,3)*
Summe	111 177	28 629	*(25,8)*	10 465	*(9,4)*	72 083	*(64,8)*

*) Die Vermögen in Spalte 3 und 4 hat der Bundesrechnungshof aufgrund der besteuerten Zinseinnahmen und der niedrigsten erzielbaren Habenzinsen durch Hochrechnung ermittelt.

44.3.2

Die Feststellungen des Bundesrechnungshofes rechtfertigen die Annahme, daß ein wesentlicher Teil der Zinseinkünfte der Einkommensteuer entzogen wurde, zumal für die Untersuchung Fälle mit nicht geringen Geldanlagen ausgewählt wurden.

Sparerfreibetrag, Werbungskostenpauschbetrag, der gesetzliche Härteausgleich für Nebeneinkünfte im Sinne des § 46 Abs. 3 und 5 EStG wie auch die verminderte Besteuerung der Leibrenten lediglich mit dem Ertragsanteil können nach Meinung des Bundesrechnungshofes dieses Ergebnis nicht entscheidend beeinflussen. Denn es ist nicht berücksichtigt, daß in den Anzeigen der Kreditinstitute die Wertpapiere, die den Bankkunden beim Kauf ausgehändigt werden (sogenannte Tafelgeschäfte), nicht erfaßt sind. An diesen von Banken ausgegebenen sogenannten effektiven Stücken soll — wie aus Publikationen zu entnehmen ist — vor allem in den letzten Jahren wachsendes Interesse der Kunden bestanden haben.

Auch Kapitalanlagen im Ausland entziehen sich ebenfalls zwangsläufig einer derartigen Kontrollmöglichkeit. Nach stichprobeweisen Feststellungen des Bundesrechnungshofes waren derartige Anlagen praktisch nur in Erbschaftsteuererklärungen, die von Dritten, z. B. Testamentsvollstreckern, abgegeben worden waren, aufgeführt worden.

Die geringe Bereitschaft der Steuerpflichtigen, Kapitalerträge zutreffend anzugeben, dürfte hauptsächlich auf die Meinung zurückzuführen sein, daß die Steuerverwaltung nur über geringe Möglichkeiten verfüge, alle für die Ermittlung der Einkünfte maßgeblichen Sachverhalte zu erforschen.

E.I. Euroinvest	E.I. Euroinvest Kapitalanlagegesellschaft mbH Bleichstr. 60-62 Pf. 10 07 54 **6000 Frankfurt/Main 1** Tel: 069/2 98 07 250
Form. Sel. Inc.	Formula Selection Inc. Edificio Banco de Boston, Via Espana 122 **Apartado 7031** **Panama (Panama)** Niederlassung Zürich Löwenstr. 54 Pf. 7279 **CH-8023 Zürich** Tel: 0041/1/211 32 41 (Zürich)
FT	Frankfurt-Trust Investmentgesellschaft mbH Friedrichstr. 52 Pf. 17 02 30 **6000 Frankfurt/Main 1** Tel: 069/718-5555
Gerling Inv.	Gerling Investment Kapitalanlagegesellschaft mbH Gereonshof 17 Pf. 10 08 24 **5000 Köln 1** Tel: 0221/13 40 41 43
Julius Bär	Julius Bär Fondsleitung AG Bahnhofstr. 36 **CH-8022 Zürich** Tel: 0041/1/22 85 111
IIM	Internationale Investment Management Gesellschaft S.A. 65, avenue de la Gare **L-1611 Luxembourg** Tel: 00352/403 545 - 1
Inka	Internationale Kapitalanlagegesellschaft mbH Königsallee 19 **4000 Düsseldorf 1** Tel: 0211/32 94 64
MAT	Main Anlage Trust Kapitalanlagegesellschaft mbH Im Trutz Frankfurt 55 **6000 Frankfurt/Main 1** Tel: 069/15 30 93 - 02

Die eingeschränkten Ermittlungen des Bundesrechnungshofes in nur 827 Fällen lassen eine abschließende Beurteilung der gesamten Steuerausfälle bei den Einkünften aus Kapitalvermögen nicht zu. Der Bundesrechnungshof hat den Bundesminister deshalb gebeten, eigene Untersuchungen hierzu anzustellen.

44.3.3

Der Bundesminister hat hierauf geantwortet, wegen der Unvollkommenheit statistischer Unterlagen sei nur eine sehr grobe Schätzung der Steuermindereinahmen durch unvollständige Besteuerung der im Privatvermögen anfallenden Kapitalerträge möglich. Aus einer Reihe von Gründen könne er keine Zahlen angeben. Eine Zahlenangabe könne zudem wegen der Anfechtbarkeit einzelner Annahmen der Steuerausfallschätzung keine zuverlässige Entscheidungshilfe für Folgerungen des Gesetzgebers oder der Finanzverwaltung bieten.

44.3.4

Der Bundesrechnungshof verkennt nicht die erheblichen Schwierigkeiten einer solchen Untersuchung. Er ist aber überzeugt, daß unvollkommene Schätzungsergebnisse eine eingehende Untersuchung notwendig machen. Erst dies wird eine unvoreingenommene Abwägung zwischen wirtschafts- und währungspolitischen Erwägungen und dem Prinzip einer gleichmäßigen Besteuerung ermöglichen.

44.3.5

Der Bundesrechnungshof hält es für geboten, daß der Bundesminister eingehende Untersuchungen durchführt. Er wird eine gleichmäßige Besteuerung der Zinseinkünfte sicherzustellen haben.

Appendix 2

Thesaurierende Investmentfonds, die im Tafelgeschäft erhältlich sind.

Fondsname	Kapitalanlage-gesellschaft (1)	Depotbank (1)
Aktienfonds (Kapitalanlagegesellschaften Inland)		
Akkumula	DWS	Dt. Bank
Berenberg-Univ.-Fonds	Universal	J. Berenberg
BIL-Aktienfonds Euroinvest	E.I. Euroinvest	Bank Liechtenst
BIL-dt.Aktienf. Euroinvest(*)	E.I. Euroinvest	Bank Liechtenst
DekaSpezial	Deka	West LB
Focus Euroinvest	E.I. Euroinvest	Bank Liechtenst
Ivera Fonds	Gerling Inv.	West LB
MAT int. Aktienfonds	MAT	BHF Bank
MK Alfakapital (*)	MK	ADCA Bank
MK Analytik Fonds	MK	ADCA Bank
MK Euroaktiv	MK	ADCA Bank
Oppenheim Spezial II	Oppenheim	Salb. Oppenh.
PEH-Universal-Fonds I (2)	Universal	BH Bethmann
Thesaurus (*)	DIT	Dresdner Bank

(1) Namen und Anschriften der Kapitalanlagegesellschaften (Seite 54) und Depotbanken (Seite 57) sind in einem gesonderten Verzeichnis aufgeführt.

(2) Gem. Verwaltungsreglement kann auch vollständig in Rentenwerte investiert werden.

(*) der Fonds investiert vorzugsweise in Deutschland bzw. in auf Deutsche Mark lautende Titel.

Fondsname	Kapitalanlage-gesellschaft	Depotbank
Aktienfonds (Kapitalanlagegesellschaften Ausland)		
Bär Multistock Emrng. Eur.	Julius Bär	Bank J. Bär
Bär Multistock Eur.Stck.	Julius Bär	Bank J. Bär
Bär Multistock US Stck.	Julius Bär	Bank J. Bär
CS Euro Blue Chips (B) (3)	CS	Credit Suisse
E-Fund	UBZ Fondsl.AG	Ueberseebank
Formula Selection Fund	Form. Sel. Inc.	Privatbank Zür.
Unico Equity Fund	Unico Fin. S.	DG Bank (Lux)
Rentenfonds (Kapitalanlagegesellschaften Inland)		
Adirewa	ADIG	Commerzbank
AKKU-Invest (*)	West KA	West LB
Basis-Fonds I	FT	BHF-Bank
DekaTresor (*)	Deka	West LB
Deka Zins-International	Deka	West LB
DIT Laufzeitfonds	DIT	Dresdner Bank
DWS Akkurenta 1996	DWS	Dt. Bank
DWS-Rerenta	DWS	Dt. Bank
FT Accurent K (*)	FT	BHF Bank
FT Accuzins	FT	BHF Bank
FT Re-Spezial	FT	BHF Bank
Inka-re-Invest (*)	Inka	Trink.&Burkh.
MK Rentak Fonds (*)	MK	ADCA Bank
MK DM Variozins (*)	MK	ADCA Bank
MMWI Renakop Fond (*)	MMWI	MM Warburg
Nordcumula	Nordinvest	Verei.-u.Westb.
Oppenheim Spezial IV	Oppenheim	Salb. Oppenh.
Re-Inrenta	DWS	Dt. Bank
SAL-K-Rent	SKA (Frankf.)	SKA Dtl. AG
Thesaurent	DIT	Dresdner Bank
Unikapital	Union	Westdt.Gen.ZB

(3) Es gibt 2 Tranchen des Fonds. In Tranche B werden die Erträge des Fonds thesauriert

(*) der Fonds investiert vorzugsweise in Deutschland bzw. in auf Deutsche Mark lautende Titel.

Fondsname	Kapitalanlage-gesellschaft	Depotbank
Rentenfonds (Kapitalanlagegesellschaften Ausland)		
B-Fund	UBZ Fondsl AG	Ueberseebank
CS Ecu Bond (B) (3)	CS	Credit Suisse
CS Europa Bond (B) (3)	CS	Credit Suisse
CS Gulden Bond (B) (3)	CS	Credit Suisse
CS Prime Bond	CS	Credit Suisse
CS Short Term Bond DM (B) (3) (*)	CS	Credit Suisse
CS Short Term Bond US $ (B) (3)	CS	Credit Suisse
Deka Lux Flex	Deka Int.	Dt. Giroz. Int.
DM Reserve Fonds (2) (*)	IIM	Dt.Bank Lux.SA
ECU Reserve Fonds (2)	IIM	Dt.Bank Lux.SA
FF Reserve Fonds (2)	IIM	Dt.Bank Lux.SA
Leo Fonds	DB Asset M. Lux	Dresd.Bank Lux
Lux select	MMW Lux	MMW Lux. S.A.
Schilling Reserve Fonds	IIM	Dt.Bank Lux.SA
Sterling Reserve Fonds	IIM	Dt.Bank Lux.SA
Unicash	Union (Lux)	DG Bank (Lux)

(2) Gem. Verwaltungsreglement ist beabsichtigt, die Erträge zu thesaurieren. Der Verwaltungsrat kann jedoch auch Ausschüttungen beschließen.

(3) Es gibt 2 Tranchen des Fonds. In Tranche B werden die Erträge des Fonds thesauriert.

(*) der Fonds investiert vorzugsweise in Deutschland bzw. in auf Deutsche Mark lautende Titel.

Fondsname	Kapitalanlage-gesellschaft	Depotbank
gemischte Fonds		
(Kapitalanlagegesellschaften Inland)		
Fiduka-Universal-Fonds I	Universal	BH.H.Aufhäuser
HWG-Fonds (2)	Universal	SKA Dtl. AG
gemischte Fonds		
(Kapitalanlagegesellschaften Ausland)		
Balance '95	IIM	Dt. Bank Lux
Spezialitätenfonds		
(Kapitalanlagegesellschaften Inland)		
Focus Umwelttechn.	E.I. Euro.	Bank Liechtenst
Japan CB-Universal-Fonds	Universal	BH Bethmann
MAT Japan Furusato	MAT	BHF Bank
MK Asia Pazifik	MK	ADCA Bank
MMWI Oswa Funds	MMWI	MM Warburg
PEH-Universal-Fonds OS	Universal	BH Bethmann
PEH-Universal-Fonds Miro	Universal	BH Bethmann
Säkular-Universal-Fonds	Universal	SKA Dtl. AG

(2) Gem. Verwaltungsreglement ist beabsichtigt, die Erträge zu thesaurieren. Der Verwaltungsrat kann jedoch auch Ausschüttungen beschließen.

Fondsname	Kapitalanlage-gesellschaft	Depotbank
Spezialitätenfonds (Kapitalanlagegesellschaften Ausland)		
CS Euro Pharma (B) (3)	CS	Credit Suisse
CS Gold Mines (B) (3)	CS	Credit Suisse
CS Hispano-Iberia Fund (B) (3)	CS	Credit Suisse
CS Oeko-Protec (B) (3)	CS	Credit Suisse
CS Prime Metal (B) (3)	CS	Credit Suisse
Japan Selection Fund	Form. Sel. Inc.	Banque Intern.
J-Fund	UBZ Fondsl.AG	Ueberseebank
Techno Growth Fund	Form. Sel. Inc.	Pr.-bank Zürich
Uniasia	Union (Lux)	DG Bank (Lux)

(3) Es gibt 2 Tranchen des Fonds. In Tranche B werden die Erträge des Fonds thesauriert.

Anschriften der Kapitalanlagegesellschaften

verwendete Abkürzung	Name und Anschrift der Kapitalanlagegesellschaft
ADIG	Allgemeine Deutsche Investment-Gesellschaft mbH Von-der-Tann-Str. 11 Pf. 10 01 08 **8000 München 22** Tel: 089/2 39 60
CS	CS Management Company S.A. 23, Avenue Monterey **L- 2163 Luxembourg** Tel: 00352/46 00 111
DB Asset M. Lux	Dresdnerbank asset management S.A. 13, rue Beaumont **L-1219 Luxembourg** Tel: 00352/46 34 63 1
Deka	Deutsche Kapitalanlagegesellschaft mbH Mainzer Landstr. 37 Pf. 11 05 23 **6000 Frankfurt/Main 11** Tel: 069/2 54 61
Deka Int.	Deka International S.A. 13, Avenue de la Porte-Neuve **L-2227 Luxembourg** Tel: 00352/47 46 33
DIT	Deutscher Investment Trust Gesellschaft für Wertpapieranlagen mbH Mainzer Landstr. 11-13 Pf. 10 07 36 **6000 Frankfurt/Main 1** Tel: 069/26 44 - 0
DWS	Deutsche Gesellschaft für Wertpapiersparen mbH Grüneburgweg 113-115 Pf. 10 06 20 **6000 Frankfurt/Main 1** Tel: 069/7 10 09 - 0

MK	Münchner Kapitalanlage AG Beethovenplatz 4 Pf. 15 14 29 **8000 München 2** Tel: 089/51 49 2-21/31
MMWI	M.M. Warburg Invest Kapitalanlagegesellschaft mbH Liebigstr. 6 Pf. 17 04 13 **6000 Frankfurt/Main 1** Tel: 069/72 08 44
MMW Lux	M.M. Warburg Lux Invest S.A. 17, Côte d'Eich **L-1450 Luxembourg** Tel: 00352/47 46 74
Nordinvest	Norddeutsche Investment-Gesellschaft mbH Alter Wall 22 **2000 Hamburg 11** Tel: 040/36 58 36
Oppenheim	Oppenheim Kapitalanlagegesellschaft mbH Unter Sachsenhausen 2 Pf. 10 13 45 **5000 Köln 1** Tel: 0221/1 45 03
SKA (Frankf.)	Schweizerische Kreditanstalt Grüneburgweg 102 Pf. 10 20 58 **6000 Frankfurt/Main 1** Tel: 069/26 91 20 00
UBZ Fondsl. AG	UBZ Fondsleitung AG Oberdorfstr. 2 **CH-8024 Zürich** Tel: 0041/1/261 01 61
Unico Fin. S.	Unico Financial Services S.A. 218, route de Longwy **L-1940 Luxembourg** Tel: 00352/45 27 06
Union	Union Investment Mainzer Landstr. 47 Pf. 16 07 63 **6000 Frankfurt/Main 16** Tel: 069/25 67 0

Union (Lux)	Union Investment Luxembourg S.A. 12, boulevard G.D. Charlotte Pf. 661 **L-1330 Luxembourg** Tel: 00352/444 170
Universal	Universal Investment-Gsellschaft mbH Lindenstr. 1 Pf. 17 05 48 **6000 Frankfurt/Main 16** Tel: 069/75 61 91 - 0
West KA	Westdeutsche Kapitalanlagegesellschaft mbH Elisabethstr. 44-46 Pf. 65 27 **4000 Düsseldorf 1** Tel: 0211/82 607

Anschriften der Depotbanken

verwendete Abkürzung	**Name und Anschrift der Depotbank**
ADCA Bank	Allgemeine Deutsche Credit-Anstalt Berlin/ Frankfurt(Main) Lindenstr. 27 **6000 Frankfurt/Main 1** Tel: 069/74 38-1
Bank Liechtenst	Bank in Liechtenstein (Frankfurt) GmbH Bleichstr. 60-62 **6000 Frankfurt/Main 1** Tel: 069/29 80 7-0
Bank J. Bär	Bank Julius Bär & Co. AG Bahnhofstr. 36 **CH-8022 Zürich** Tel: 0041/1/22 85 111
Banque Intern.	Banque International a Luxembourg 2, boulevard Royal Pf. 2205 **L-Luxembourg Ville,** Tel: 00352/34 59 01
BHF Bank	Berliner Handels- und Frankfurter Bank Bockenheimer Landstr. 10 Pf. 11 03 11 **6000 Frankfurt/Main 1** Tel: 069/718-0

BH H. Aufhäuser	Bankhaus H. Aufhäuser Löwengrube 18-20 **8000 München 2** Tel:089/23931
BH Bethmann	Bankhaus Gebrüder Bethmann Bethmannstr. 7-9 **6000 Frankfurt/Main 1** Tel: 069/21 77-1
Commerzbank	Commerzbank AG, Düsseldorf Breite Str. 25 **4000 Düsseldorf 1** Tel: 0211/82 71
Credit Suisse	Credit Suisse (Luxemburg) S.A. 23, avenue Monterey **Luxembourg** Tel: 00352/46 00 111
Deutsche Giroz. Int.	Deutsche Girozentrale International S.A. 16, boulevard Royal **L-2449 Luxembourg** Tel: 00352/47 50 22
DG Bank (Lux)	DG Bank Luxemburg S.A. 3, boulevard Joseph II. **L-2016 Luxembourg, Tel: 00352/44 90 31**
Dt. Bank	Deutsche Bank AG Pf 10 06 01 **6000 Frankfurt/Main 1** Tel: 069/21 40
Dt. Bank Lux. SA	Deutsche Bank AG Luxemburg S.A. 25, boulevard Royal **L-2449 Luxembourg** Tel: 00352/46 81 81
Dresdner Bank	Dresdner Bank AG Jürgen-Ponto-Platz 1 Pf. 11 06 61 **6000 Frankfurt/Main 11** Tel: 069/263-0

Dresdner Bank Lux	Dresdner Bank Luxemburg S.A. 26, rue du Marche-aux-Herbes **L-2097 Luxembourg** Tel: 00352/47 601
J. Berenberg	Joh. Berenberg, Gossler & Co. Neuer Jungfernstieg 20 **2000 Hamburg 36** Tel: 040/34 960
Kredietb. S.A.	Kredietbank S.A. Luxembourgeoise, 43, boulevard Royal **Luxembourg** Tel: 00352/ 47 971
MM Warburg	M.M. Warburg-Brinckmann, Wirtz & Co., Ferdinandstr. 75 **2000 Hamburg 1** Tel: 040/32 82 0
MMW Lux. S.A.	M.M. Warburg-Brinckmann, Wirtz International S.A. 17, Cote d' Eich **L-1450 Luxemburg** Tel: 0352/475 95 11
Privatbank Zürich	Privatbank & Verwaltungsgesellschaft Bärengasse 29 **CH-8022 Zürich** Tel: 0041/1/228 91 11
Salb. Oppenheim	Bankhaus Sal. Oppenheim jr. & Cie. KGaA, Köln Untersachsenhausen 2 Pf 10 13 45 **5000 Köln 1** Tel: 0221/1 45-03
SKA Dtl. AG	Schweizerische Kreditanstalt(Deutschland) AG Kaiserstr. 30 **6000 Frankfurt/Main 1** Tel: 069/26 91-0
Trink. & Burkh.	Trinkaus & Burkhardt KGaA Königsallee 21-23 **4000 Düsseldorf 1** Tel: 0211/91 00

Ueberseebank AG	Ueberseebank AG Limmatquai 2 **CH-8024 Zürich** Tel: 0041/1/252 03 04
Vereins- u. Westb.	Vereins- und Westbank AG, Alter Wall 22 **2000 Hamburg 11** Tel: 040/36 920
Westdt.Gen.ZB	Westdeutsche Genossenschafts-Zentral- Bank eG Düsseldorf Ludwig-Erhard-Allee 20 **4000 Düsseldorf** Tel: 0211/77 80
West LB	Westdeutsche Landesbank Girozentrale Herzogstr. 15 **4000 Düsseldorf** Tel: 0211/826-01

VIER FONDS MIT GUTEM HISTORISCHEN ANLAGEERFOLG

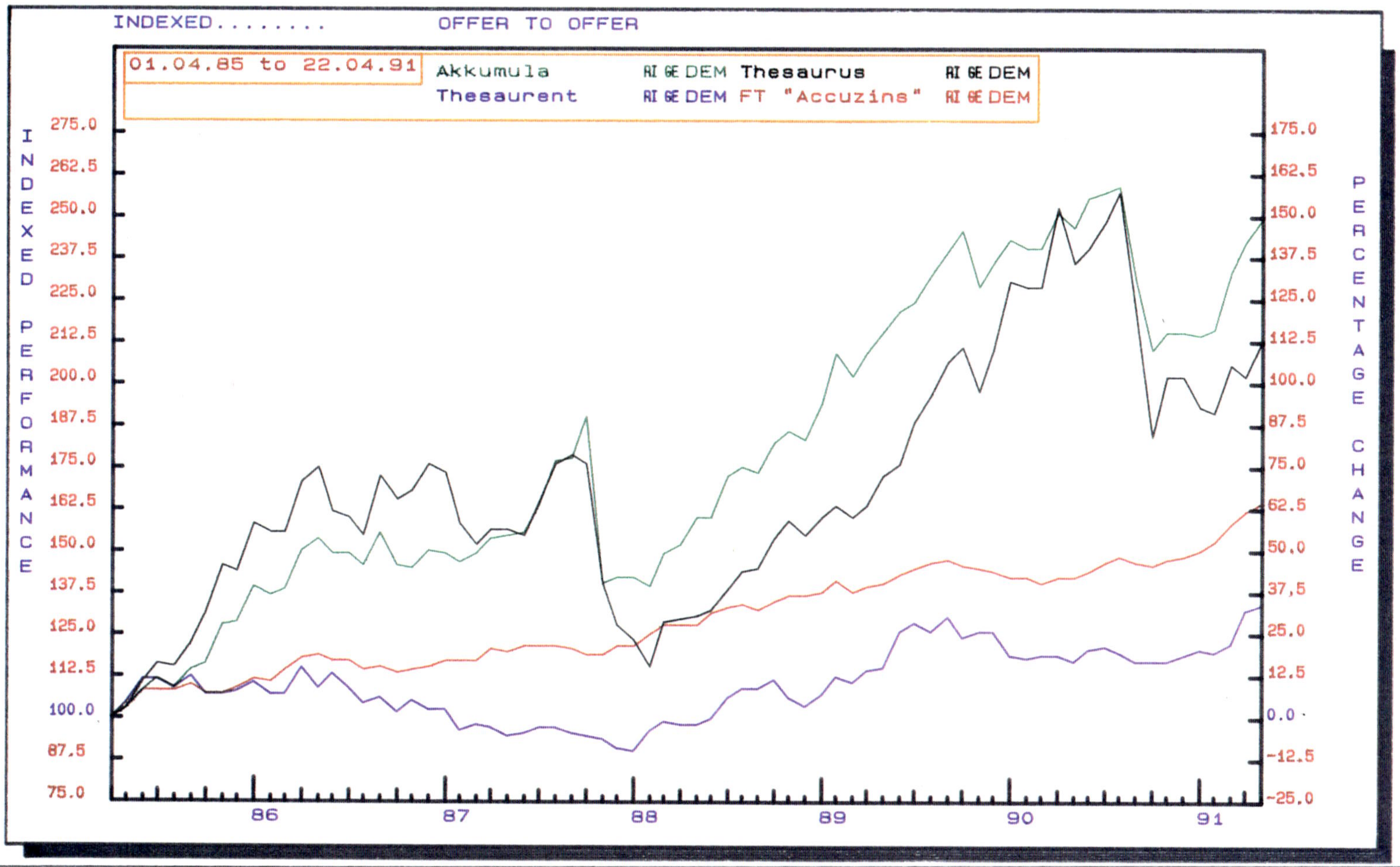

Offer-Bid performances use the current spread. Past performance is not a guide to the future. Prices can go down as well as up.

 m=Mthly update : *=No income available : !=Acc index 07.05.91

Wertentwicklung der jeweiligen Fonds 4)

Fondsname	Kapitalanlagegesellschaft	durchschnittlicher Wertzuwachs pro Jahr über den Zeitraum (**)			
		2.4.90 (von) 1.4.91 (bis)	1.4.88 1.4.91	1.4.86 1.4.91	1.4.81 1.4.91
		1 Jahr	3 Jahre	5 Jahre	10 Jahre
Aktienfonds (vorrangig in deutsche Aktien investierend)					
Thesaurus	DIT	- 20,2%	15,9%	3,4%	12,8% 1)
MK Alfakapital	MK	- 18,1%	11,6%	1,0%	10,6%
BIL-dt. Aktienf. E.	E.I. Euro.	- 7,5%	---	---	---
Aktienfonds (in internationale Aktien investierend)					
Akkumula	DWS	- 3,5%	16,9%	10,0%	15,9%1)
Ivera	Gerling	- 6,8%	9,5%	1,8%	11,0%
MK Analytik Fonds	MK	- 3,1%	5,8%	- 2,7%	3,9%
Unico Equity Fund	Unico F.S.	- 0,4%	3,4%	3,1%	---
Dekaspezial	Deka	- 10,4%	2,3%	- 6,1%	3,7%
Focus Euroinvest	E.I. Euro.	- 2,5%	---	---	---
BIL Aktienf.Euroinv.	E.I. Euro.	- 3,2%	---	---	---
CS Euro Blue Chip	CS	- 3,8%	---	---	---
E-Fund	UBZ Fondsl.	- 6,8%	---	---	---
MAT int.Aktienfonds	MAT	- 8,4%	---	---	---
PEH-Universal I	Universal	- 10,8%	---	---	---
Berenberg-Univ.-Fond	Universal	- 13,3%	---	---	---
Oppenheim Spezial II	Oppenheim	- 20,1%	---	---	---
MK Euroaktiv	MK	---	---	---	---
Bär Multist.Emrng.Eur.	Julius Bär	---	---	---	---
Bär Multist.Eur. Stck.	Julius Bär	---	---	---	---
Bär Multist.US.Stck	Julius Bär	---	---	---	---
Formula Selection F.	Form.Sel.Inc	---	---	---	---

**) siehe Fußnote Seite 65.
1) Fonds mit gutem historischem Anlageerfolg. (Siehe auch Seite 61).
4) Quellen: Inlandfonds: Micropal/BVI; Auslandfonds: Micropal.

Fondsname	Kapitalanlage-gesellschaft	1 Jahr	3 Jahre	5 Jahre	10 Jahre
Rentenfonds (vorrangig in deutsche bzw. auf Deutsche Mark lautende festverzinsliche Wertpapiere investierend)					
DekaTresor	Deka	7,6%	4,4%	4,9%	--- 1)
CS Short Term B DM(B)(3)	CS	8,2%	2,6%	---	---
MK Rentak Fonds	MK	8,3%	3,5%	4,8%	8,2%
Inka-Re-Invest	Inka	4,3%	1,4%	2,2%	---
DM Reserve Fonds	IIM	10,0%	---	---	---
FT Akkurent K	FT	8,1%	---	---	---
AKKU-Invest	West KA	4,4%	---	---	---
MMWI-Renakop-Fonds	MMWI	7,5%	---	---	---
MK DM Variozins	MK	---	---	---	---
Rentenfonds (in internationale festverzinsliche Wertpapiere investierend)					
Thesaurent	DIT	11,2%	10,3%	2,8%	---
CS Short T.B.US$ (B) (3)	CS	9,7%	8,4%	---	---
FT Accuzins	FT	13,9%	8,2%	6,5%	--- 1)
Adirewa	ADIG	8,0%	7,1%	6,0%	---
CS Gulden Bond (B) (3)	CS	14,7%	6,7%	---	---
Unikapital	Union	10,2%	6,2%	---	---
CS Ecu Bond (B) (3)	CS	15,2%	6,0%	---	---
Re-Inrenta	DWS	7,8%	5,4%	4,5%	8,8%
Basis-Fonds I	FT	9,2%	5,3%	---	---
DWS-Rerenta	DWS	0,1%	5,1%	---	---
FT-Re-Spezial	FT	5,9%	2,6%	3,0%	7,2%
CS Prime Bond (B) (3)	CS	10,8%	1,0%	---	---
CS Europa Bond	CS	16,1%	---	---	---
B-Fund	UBZ Fondsl.	12,4%	---	---	---

(1) Fonds mit gutem historischem Anlageerfolg (siehe auch Seite 61).

(3) Es gibt 2 Tranchen des Fonds. In Tranche B werden die Erträge des Fonds thesauriert.

Fondsname	Kapitalanlage-gesellschaft	1 Jahr	3 Jahre	5 Jahre	10 Jahre
F Reserve	IIM	11,4%	---	---	---
Leo Fonds	DB asset M.L.	11,0%	---	---	---
DekaZins-International	Deka	10,2%	---	---	---
SAL-K-Rent	SKA (Frankf.)	8,5%	---	---	---
Deka Lux Flex	Deka Int	7,8%	---	---	---
Lux select	MMW Lux	7,5%	---	---	---
Oppenheim Spezial IV	Oppenheim	7,3%	---	---	---
Nordcumula	Nordinvest	- 10,6%	---	---	---
DWS Akkurenta 1996	DWS	---	---	---	---
DIT Laufzeitf. 10/92	DIT	---	---	---	---
DIT Laufzeitf. 01/93	DIT	---	---	---	---
DIT Laufzeitf. 04/93	DIT	---	---	---	---
Unicash	Union (Lux)	---	---	---	---
Schilling Reserve	IIM	---	---	---	---
Sterling Reserve	IIM	---	---	---	---
Ecu Reserve Fonds	IIM	---	---	---	---

Spezialitätenfonds

(in Aktien bestimmter Branchen oder/und Regionen oder in spezielle Wertpapiere investierend

Regionalfonds

MAT Japan Furusato F.	MAT	21,4%	---	---	---
CS Hispano-Iberia (B) (3)	CS	13,4%	---	---	---
Japan CB-Universal-F.	Universal	13,0%	---	---	---
J-Fund	UBZ Fondsl.	4,1%	---	---	---
Uniasia	Union	- 5,8%	---	---	---
MK Asia Pazifik	MK	---	---	---	---
Japan Selection Fund	Form.Sel.Inc.	---	---	---	---

(3) Es gibt 2 Tranchen des Fonds. In Tranche B werden die Erträge des Fonds thesauriert.

Fondsname	Kapitalanlage-gesellschaft	1 Jahr	3 Jahre	5 Jahre	10 Jahre
Branchenfonds					
CS Gold Mines (B)	CS	- 15,0%	---	---	---
CS Prime Metal (B)	CS	- 17,5%	---	---	---
CS Oeko-Protec (B)	CS	---	---	---	---
Focus Umwelttechn.	E.I. Euro.	---	---	---	---
in Wandelanleihen oder Optionscheine investierend					
Säkular-Universal-F.	Universal	13,5%	---	---	---
PEH-Universal-Miro	Universal	- 13,5%	---	---	---
MMWI Oswa Fonds	MMWI	- 15,9%	---	---	---
PEH-Universal-F. OS	Universal	- 30,5%	---	---	---
Gemischte Fonds (in Aktien und Rentenwerte investierend)					
Balance '95	IIM	11,8%	---	---	---
Fiduka Universal	Universal	0,4%	---	---	---
HWG-Fonds	Universal	- 2,6%	---	---	---

(**) Bei den Zahlenangaben sind zwar Management- und Depotbankgebühren berücksichtigt, nicht aber der Ausgabeaufschlag, da dieser z.T. von der Anlagesumme abhängig ist. Der Zinseszinseffekt ist bereits herausgerechnet. Die Fonds sind innerhalb ihrer Kategorien nach dem 3-Jahres-Ergebnis sortiert. Die Daten sind sorgfältig recherchiert. Eine Gewähr kann trotzdem nicht übernommen werden.